위풍당당한
초등 1학년
입학 준비

26년차 1학년 담임교사가 알려주는

위풍당당한 초등 1학년 입학 준비

전화숙 지음

[프롤로그]

'신은 모든 곳에 있을 수 없기에 어머니를 만들었다.'라는
유대인 속담이 있습니다.
어머니의 숭고한 사랑과 위대함을 떠올릴 때 자주 사용합니다.

이 문구를 읽으면 엄마의 사랑과 희생이 생각나고, 어릴 적 보살핌을 받았던 시절이 떠올라 가슴이 뭉클해지고 따뜻해집니다. 생애 각각의 장면마다 함께하셨던 부모님의 모습도 생각납니다. 어느덧 부모님과 같이 살았던 시간보다 한 가정을 이루고 부모님과 떨어져 산 세월이 훨씬 많은 나이가 되었습니다.

이제는 이 속담을 부모의 시선에서 읽습니다. 부모라 생각하고 이 문구를 읽으면 가슴이 너무 무겁습니다. 부모는 신과 같이 전지전능한 존재가 아니기 때문입니다. 아이가 있는 곳에 언제까지나 항상 함께 있을 수 없습니다. 헬리콥터 맘처럼 자녀를 키우라는 건 아닙니다. 자녀가 부모에게서 독립할 때까지, 자녀가 성장하는 과정 동안 부모의 역할과 책임을 다하라는 의미이고, 자녀가 스스로 삶을 계획하고 책임지며 즐기면서 개척해 나갈 수 있도록 도우라는 의미입니다.

신은 인간을 위해 자기의 일을 대신할 어머니를 만들었습니다. 하

지만 부모는 자신을 대신할 누구를 만들지도 못하고 찾을 수도 없습니다. 부모의 역할은 다른 사람에게 미룰 수 없고, 부모의 책임을 다른 이가 대신할 수 없습니다. 생각할수록 부모란 힘들고 무거운 이름입니다.

자녀의 입학과 동시에 부모로서 해야 할 역할과 책임이 늘어납니다. 내가 잘한 일이 아니어도 내 아이가 잘하면 축하를 받습니다. 내가 잘못한 일이 아니어도 내 아이가 잘못한 일에 머리 숙여 사과하는 일이 생깁니다.

자녀의 입학은 부모가 기존에 해 왔던 다른 역할을 부여합니다. 자녀는 원생이 아니라 학생이 되는 것이고 부모 앞에 '學'이 붙어 학부모가 되기 때문입니다. 일반적으로 학교에 다니는 학생의 부모를 학부모라고 합니다. 하지만 문자가 가지고 있는 배운다의 뜻을 생각해 볼 때 학부모는 배우는 부모! 자녀의 입학에 맞추어 부모로서 새로운 역할을 배우고 익혀야 한다는 의미라고 생각합니다. 학부모는 자녀의 양육 외 교육에 관여하는 또 다른 조력자나 보호자로서 그에 알맞은 역할을 수행해야 한다는 의미입니다. 부모가 이러한 역힐의 변화를 잘 알고 자녀의 학교생활을 위해 함께 준비한다면 자녀가 슬기롭게 학교생활을 하는 데 든든한 밑거름이 될 것입니다.

초등학생이 된다는 것은 새로운 질서와 규칙이 가득한 집단사회에 첫발을 내딛는 생애의 중요한 시작점입니다. 아이들은 이 시작을 초등학생이 된다는 설렘과 기대, 때로는 호기심으로 채웁니다. 반면 부모는 걱정과 염려 속에서 자녀가 입학하기 전에 학교에 관한 정보를 탐색하고 선배 부모를 찾고는 합니다.

'내 아이가 학교에 적응은 잘할까?', '수업시간에 집중은 잘할까?', '친구들과는 잘 지낼까?'하는 걱정은 많은데 '부모로서 무엇을 해야 하나?, 어떻게 해 줘야 하나?'하는 궁금증이 꼬리를 물면서 시간은 가고 입학하는 날은 다가옵니다.

참관수업일이었습니다. 참관 소감문에 '우리 때와 같지 않은 학교 문화가 낯섭니다. 수업 내용이나 활동 방법이 다르지만 아이들이 흥미 있게 참여하는 모습이 보기 좋았습니다.'라는 문장이 있었습니다. 저 역시 세대가 달라진 아이들의 특징을 몸소 체험하고 있기에 그 마음을 쉽게 이해할 수 있었습니다. 그래서 첫아이를 학교에 보내는 부모들에게 1학년 학교생활에 대해 알려주면 좋겠다는 생각이 들었습니다.

개정 교육과정에서는 새로운 교육환경과 불확실하고 예측할 수 없는 시대의 변화에 대응하는 능력을 기르기 위해 학습자 맞춤형 교육을 강화합니다. 그래서 학교와 교사 교육과정의 자율성을 확대하고 1~2학년 한글 교육을 강조합니다.

여러 변화 중 1학년 부모가 알았으면 하는 내용은 개정 교육과정에서 요구하는 핵심역량의 하나인 의사소통역량이 '협력적 소통 역량'으로, 추구하는 인간상이 자주적인 사람에서 '자기주도적인 사람'

으로 바뀌었다는 것입니다. 이러한 명칭 변경은 자기 생각을 효과적으로 표현하는 것만큼이나 다른 사람을 배려하고 협력하는 소통 능력이 아주 중요하다는 점을 강조한 것입니다. 또, 배움을 통해 삶 속에서 스스로 예측하고 행동하며 성찰할 수 있도록 학생의 전인적 성장을 도와야 한다는 것입니다. 개인의 생각과 의견을 적극적으로 표현하는 것이 중요했던 시대에서 자신의 의견을 내세우기 전에 상대의 입장과 처지를 고려했는지 성찰해야 하는 시대로 변했습니다.

부모 세대와는 다른 교육과정, 다른 교과서, 다른 특징을 가진 아이들…

그만큼 변화된 학부모의 역할과 의무! 자녀의 입학을 앞두고 어떻게 도움을 줘야 하는지 같이 고민하는 마음으로 시작했습니다. 입학 전 학습 준비부터 익혀야 할 생활 습관까지, 학부모가 협조해야 하는 행정업무부터 참여해야 하는 학교 행사까지, 또래의 특징을 담아 1학년 교실을 엿볼 수 있도록 기록했습니다.

학부모로서 갖게 되는 책임과 의무를 잘 해내기 위해 고민하는 부모들에게 도움이 되길 바랍니다.

초등교사 전화숙

[차 례]

프롤로그   6

CHAPTER 01
학교의 신입생 맞이

- 01 예비 소집   18
- 02 입학식   26
- 03 늘봄학교   35

CHAPTER 02
슬기로운 학교생활 준비

[학생편]

A. 학습 습관 세우기
- 01 한글! 위풍당당한 준비   45
- 02 수! 생활 속에서 친해지게 하려면   55
- 03 혼자서 독서할 수 있게 하려면   63
- 04 배경지식이 풍부하게 하려면   66
- 05 시간 개념을 갖게 하려면   70
- 06 자기조절력을 기르려면   77
- 07 집중력을 높이려면   81
- 08 책임감을 키우려면   87

B. 생활 습관 세우기
- 01 정해진 시간에 등교하려면   91
- 02 등교 복장이 고민이라면   94
- 03 아침밥을 먹지 않으면   99
- 04 급식시간을 연습하려면   101
- 05 친구를 빨리 사귀려면   105
- 06 위생적으로 관리하려면   108

07 대소변 실수를 대비하려면 111
08 식품 알레르기가 있다면 114
09 자존감을 높이려면 116
10 안전하게 생활하려면 119

학부모편

A. 안전하게 스마트하게
01 입학 전에 확인해야 할 예방접종 123
02 앱 설치 및 가입 126
03 승용차 등하교를 한다면 129
04 등굣길 연습 방법 132
05 하굣길 안전을 위한 약속 135

B. 학습 도움 주기
01 기본 준비물을 고를 때 139
02 이름 스티커를 준비할 때 148
03 계기 교육에 함께하려면 150
04 주도성과 자주성을 키우려면 151

C. 생활 및 관계 도움주기
01 상대를 내 편으로 만드는 말 습관 157
02 표현력이 좋은 말솜씨를 갖게 하려면 166
03 생활 속 문제해결력을 키우려면 170
04 핸드폰을 가지고 등교한다면 175
05 해야 할 일을 먼저 하게 하려면 177
06 사회성 발달을 돕고 싶다면 181

CHAPTER 03

배움과 성장

학생편

01	교과서를 다룰 때	187
02	알림장 활용 방법	193
03	받아쓰기 연습 방법	197
04	일기 쓰기를 할 때	200
05	줄넘기를 준비할 때	204
06	평가에 포함되는 것들	206
07	교과와 관련된 경험들	209
08	원격 수업에 참여하는 방법	216

학부모편

A. 제출과 소통의 달인되기

01	제출물을 잊지 않으려면	223
02	결석을 했을 때	225
03	교외체험학습을 신청할 때	229
04	학교안전공제회에 신청할 때	232
05	학급 소통방을 이용할 때	235

B. 학교랑 친해지기

01	학부모회 활동	239
02	운영위원회 활동	243
03	녹색 학부모회 활동	246
04	급식과 관련된 활동	249
05	학부모 동아리 활동	252
06	수업 참관일이 되면	254

C. 학교폭력 이해하기

01	학교폭력 예방 및 대책에 관한 법률	261
02	학교폭력 처리 절차	263
03	1학년에게 학교폭력이란	264

D. 선생님 존중하기

01	교원의 지위 향상 및 교육활동 보호를 위한 특별법	269
02	학생생활규칙과 정당한 교육활동	272
03	좋은 거울이 되려면	274

CHAPTER 04
1학년 교실 줌 인(ZOOM IN)

01	혼자만 재미있는 숨바꼭질	281
02	물건이 아파	287
03	말하지 않으면 몰라	292
04	아는 척! 잘난 척!	298
05	'하지 마!'하면 제발 멈춰다오	304
06	이만 원과 이천 원 그리고 이십 원	311
07	선생님은 좋겠다!	318

CHAPTER 05
자주 하는 질문 Q & A

자주 하는 질문 Q & A   326

에필로그   341

우리 아이 첫 학교

CHAPTER 01

학교의
신입생 맞이

온라인 취학통지서 발급 서비스

취학통지서에는 배정된 학교, 예비 소집일 및 입학일 일자와 장소가 명시되어 있습니다.
지방자치단체와 국민의 개선 요구에 따라 정부24 홈페이지 및
모바일 서비스를 통해 열람하고 출력할 수 있습니다.
온라인 취학통지서 발급 서비스 신청은 정부24 (https://www.gov.kr)에서
12월 초 정해진 기간에만 할 수 있으니 기간을 미리 확인해 두어야 합니다.
온라인 취학통지서 발급을 신청하지 않으면 별도의 신청 절차 없이
행정복지센터에서 인편이나 우편으로 발급됩니다.

행정복지센터와 학교의 취학 관련 업무는 10월부터 시작합니다.

`10월에는` 국·사립 초등학교에서 신입생 모집공고를 하고 원서를 교부합니다. 행정복지센터는 매년 1월 1일부터 12월 31일까지 만 6세에 달하는 아동, 전년도 입학 연기자, 취학 유예자, 조기 입학(만 5세) 신청자 등을 조사한 후 취학아동 명부를 작성하고 아동 보호자에게 조기 입학 및 입학 연기 신청을 하도록 안내합니다.

`11월에는` 국·사립 초등학교에서 원서 접수 후 신입생을 확정합니다. 공립 초등학교는 교육장으로부터 입학기일과 통학구역을 통보받습니다.

`12월에는` 국·사립 초등학교에서 입학 허가자 명단을 관련 기관에 통보합니다. 행정복지센터는 취학통지서를 가정에 배부합니다. 통장, 반상회, 아파트, 마을시설 등을 적극적으로 활용하여 취학에 관한 홍보 방송을 합니다. 유치원이나 어린이집, 아동보호시설 등에도 별도로 안내합니다. 12월 말까지 조기 입학과 입학 연기 접수를 마감합니다.

`1월에는` 행정복지센터에서 변동된 취학아동 명단을 학교로 통보합니다. 학교는 취학아동 명단을 접수한 후 예비 소집을 하고, 3월 입학식을 거쳐 신입생을 맞이합니다.

01
예비 소집

● × ÷ ✚

　학교는 교육청이 안내한 운영 방식에 따라 취학아동 예비 소집을 합니다. 같은 교육청에 소속된 학교는 모두 동일한 날짜와 시간에 실시하지만 학교 사정에 따라 하루 이틀 정도 차이가 나거나 소집시간이 조정될 수 있습니다. 감염병 예방을 위해 방역수칙을 준수하며 대면 방식을 원칙으로 운영하되, 거리두기 단계 등을 고려하여 비대면 방식을 병행할 수 있습니다. 학교는 홈페이지를 통해 대면과 비대면 방식의 참여 방법을 안내하고 다양한 방식으로 홍보합니다.

[대면 접수]

자녀가 보호자와 동행할 때는 입학원서와 취학통지서를 받습니다. 자녀가 보호자와 동행하지 않을 때는 유치원이나 어린이집의 재원증명서를 추가합니다. 감염병이 유행하는 상황에서는 접수 장소와 시간을 주소지별로 분산하여 운영하고 드라이빙 스루, 워킹 스루 등 다양한 방법을 활용합니다.

[비대면 접수]

감염병 예방을 위해 학부모나 아동이 비대면 방식을 희망할 때 운영합니다. 예비 소집일 전에 등기우편이나 팩스, 학교 내 접수함 등을 통해 입학원서, 취학통지서, 재원증명서를 받습니다. 재원증명서 제출이 불가능할 경우 영상통화 또는 직접 통화 등 다양한 방식으로 아동의 소재와 안전을 파악합니다.

♥ 사전 준비

학교는 12월에 입학원서와 개인정보 수집 및 이용동의서, 안내장 등이 취학 대상 아동의 가정에 배부될 수 있도록 행정기관에 자료를 전달합니다.

학교 홈페이지를 통해 신입생 원서접수계획을 자세히 안내하고, 입간판과 안내판을 제작하여 홍보합니다. 입학원서 여분과 함께 유예, 면제, 취학변경서 등의 기타 서류를 준비합니다. 주소지 구역별로 서류 접수를 맡은 선생님들에게 접수 방법을 자세히 안내하고, 방역물품도 갖추어 놓습니다.

입학원서 작성하기 ▶

학부모는 예비 소집을 위해 입학원서를 미리 작성해 두는 것이 좋습니다. 현장에서 작성할 수도 있으나 번잡하여 여유롭게 쓰기가 어렵습니다. 입학원서는 학교마다 약간의 차이는 있으나 대부분 비슷한 항목으로 구성됩니다. 취학아동에 대한 기본 신상과 가족관계, 비상시 연락처 등을 적습니다. 비상시 연락처는 우선순위를 정해 3순위까지 기록합니다. 입학식 등의 중요사항은 1순위 연락처로 안내됩니다.

쌍생아, 다문화가정, 특수학급 희망 여부, 조기 입학 여부, 한부모가정, 기타 등의 특이사항을 확인하고 해당란에 ○, ×로 간단히 표시합니다. 쌍생아일 경우 같은 반이나 다른 반으로 배정되기를 희망하면 부모의 의견을 메모해 둡니다. 이때 두 아이의 입학원서 각각에 모두 기록해야 반 배정 시 반영될 확률이 높습니다.

그 외 아동의 발달 정도를 파악하기 위한 자가진단문항이 있습니다. 아이의 신체 및 사회성 발달 정도와 학습 수준 등을 간접적으로 확인하는 것입니다. 이는 반 배정의 기초자료로 활용되므로 잘함, 보통, 노력 필요 등 해당 칸에 솔직하게 표기해야 합니다.

아동 생활 자가진단문항(예시)

❶ 동화책을 혼자 읽을 수 있습니까?
❷ 가족의 이름을 쓸 수 있습니까?
❸ 0~10까지의 수를 셀 수 있습니까?
❹ 가위로 그려진 선을 따라 오릴 수 있습니까?
❺ 젓가락질을 할 수 있습니까?
❻ 다른 사람의 동작을 보고 따라 할 수 있습니까?
❼ 용변 처리를 스스로 할 수 있습니까?
❽ 자기의 생각을 말로 자세히 표현할 수 있습니까?
❾ 자기 물건을 스스로 정리할 수 있습니까?
❿ 한 자리에 20분 이상 앉아 있을 수 있습니까?

입학원서 뒷면에 있는 개인정보 수집 및 이용동의서에 동의 표시를 한 후 서명을 하면 원서 작성이 끝납니다. 학교 홈페이지에 늘봄학교 신청에 관한 안내가 되어 있다면, 희망자는 신청서를 다운받아 미리 작성하고 증빙서류를 준비합니다.

♥ 당일 절차

학교는 예비 소집일이 되면 주차, 출입자 체온 측정과 동선을 신경 써서 안내합니다. 장소는 학교 여건에 따라 강당, 급식실 또는 교실을 활용할 수 있습니다. 표지판과 화살표를 설치하고 접수 장소를 준비합니다. 대면 접수에 필요한 준비물 등을 갖추고 접수 담당 선생님의 책상과 의자를 비치합니다. 감염병 예방을 위해 손소독제와 방역용 분무기도 준비합니다.

[안내 부스]

접수 장소에 들어서면 맨 먼저 안내 부스가 보입니다. 안내 부스에는 입학원서를 가지고 오지 않은 부모님을 위해 여분의 입학원서와 각종 필요한 서류가 준비되어 있으며, 선생님이 원서 작성을 도와줍니다. 당일에 유예 또는 면제를 신청하고 싶다면 안내 부스에 있는 취학유예 및 면제신청서를 작성합니다. 취학통지서, 의사진단서(소견서) 등을 덧붙여 제출하면 됩니다. 또한, 늘봄 담당 선생님이 늘봄학교 신청서를 받아 접수합니다.

[접수 부스]

안내 부스에서는 주소지 구역별 접수 장소를 안내합니다. 표시된 화살표를 따라 해당 주소지의 접수 장소로 가서 입학원서, 취학통지서, 등원확인서 등의 서류를 제출합니다. 취학통지서를 분실했다면 주민등록등본으로 대신할 수 있습니다. 취학통지서에 다른 학교로 배정받았으나 해당 학교로 입학을 원할 때는 입학학교 변경요청서를 추가하여 제출합니다.

아동이 동행하지 않으면 빠진 서류가 없는지, 누락된 정보는 없는지, 동의서는 작성했는지 등을 확인하고 서류만 받습니다. 아동이 동행했다면 간단한 면접을 진행합니다. 입학원서에 작성한 자가진단문항을 직접 수행 가능한지 확인합니다. 자료를 제시하여 질문하거나 실행해 보는 활동을 합니다.

[귀가]

서류 접수와 자녀의 면접이 끝나면 교육지원청에서 배부하는 신입생 입학안내자료와 늘봄학교 프로그램 홍보물 등 학교에서 배부하는 각종 안내문을 받습니다. 모두 입학과 관련된 중요한 사항이므로 꼼꼼하게 챙기고 정독해야 합니다.

학교 구경하기 ▶

예비 소집일은 공식적으로 취학 대상 아동과 보호자에게 학교를 공개하는 날로, 아이와 함께 학교를 둘러볼 수 있는 가장 좋은 기회입니다. 예비 소집이 야간에 운영되는 것이 아니면 대면 접수 후에 아이와 함께 학교를 둘러볼 것을 권합니다. 운동장 놀이기구를 체험해 보고, 아이가 학교생활에 기대를 갖도록 대화를 합니다.

아이가 이용할 교문부터 1학년 교실 입구까지 걸어보기, 신발장 살펴보기, 복도 환경 둘러보기 등을 하고, 가능하면 화장실을 꼭 방문합니다. 변기의 모양, 문의 손잡이, 잠금장치, 물 내림 버튼 등을 확인하고 직접 사용해 보면 좋습니다. 부모님이 사용법을 하나씩 설명해 주면 학교 화장실에 친숙함을 느껴 입학 후에도 두려워하지 않고 학교 화장실을 쉽게 이용할 수 있습니다.

면접 장소가 교실일 때는 보통 1학년 교실을 활용합니다. 가끔 인증샷을 위해 책상에 앉아 봐도 되는지 묻는 부모님이 있습니다. 선생님은 진행에 방해가 되지 않으면 허용합니다. 대기 인원이 많거나 상황이 여의치 않으면 무리하게 요청하지 않도록 합니다.

♥ 사후 업무

　예비 소집이 끝나면 접수 담당 선생님은 원서 접수 결과를 정리하고, 소집에 참여한 아동의 수를 집계하여 학교 담당자에게 제출합니다. 1차 소집에 참여할 수 없을 때는 미리 학교로 연락을 해야 합니다. 1차 소집에 참여하지 않으면 학교는 보호자에게 연락하여 사유를 파악한 후 2차 소집에 참여하도록 안내합니다. 2차 소집에도 참여하지 않고 보호자와 연락이 되지 않으면 행정복지센터 공무원과 동행하여 가정방문을 하게 되고 소재 불명일 경우 관할 경찰서에 수사를 의뢰합니다.

　2차 소집이 끝나면 학교는 결과를 취합하여 변경된 사항을 행정복지센터에 전달하고 예비 소집 현황을 지역교육청에 제출합니다. 취학유예나 면제, 입학학교 변경을 신청한 학생들은 의무교육관리위원회의 심의를 거쳐 그 결과를 보호자와 행정복지센터에 통보합니다. 그리고 2월이 되면 입학식을 준비합니다.

02
입학식

● × ÷ ✚

2월, 학교는 방학기간임에도 불구하고 신입생 맞이와 신학기 준비로 바쁩니다. 1학년 선생님들은 입학식 준비를 위해 다른 학년 선생님들보다 출근하는 날이 많습니다.

♥ 사전 준비

학교는 2월 중 직원 모임을 통해 학년 담임 선생님과 업무를 발표합니다. 1학년 선생님들이 제일 먼저 하는 업무는 본부로부터 입학원서를 받아 반을 배정하는 일입니다.

[학년]

먼저, 입학원서에 학부모가 작성한 학생의 특성과 예비 소집일에 면접 선생님이 기록해 둔 결과를 확인합니다. 그 후 동명이인과 특이사항이 있는 아이들을 선별합니다. 남녀의 성비를 고려하고, 생활이나 학습면에서 선생님의 손길과 관심이 필요한 아이들을 골고루 분산시켜 반을 배정합니다. 반 배정 결과는 입학식 전에 개인정보보호법을 준수하여 학교 홈페이지에 공지합니다.

반 배정을 마치면 입학식과 관련된 협의를 합니다. 각 교실을 꾸밀 물품, 선물로 적당한 문구류 등을 협의하고 행정실에 구매 요청을 합니다. 특별한 이벤트를 준비한다면 그와 관련된 정보를 찾고 관련 업체와 협의하여 진행합니다.

또한, 입학하는 날 학년 공통으로 배부할 각종 가정통신문을 협의하여 작성하고 학교생활 안내서와 적응기간 교육활동을 소개하는 안내장을 준비합니다.

[학급]

학년의 일이 마무리되면 담임 선생님은 본격적으로 학생들을 맞이할 준비를 합니다. 교실을 청소하고 책상과 의자를 깨끗하게 닦습니다. 학생들이 친근감을 갖도록 알록달록하게 교실 환경을 꾸밉니다. 인원에 따라 책상 배치를 어떻게 하는 것이 효과적인지 고려하여 책걸상을 정렬합니다. 학생들이 불편하지 않도록 책상과 의자의 상태와 높낮이를 점검합니다. 입학하는 날 아이들이 목에 걸 이름표를 준비하고 책상 위에도 이름표를 붙여 놓습니다. 신발장과 사물함의 번호표도 잘 붙어 있는지 확인합니다. 입학 선물과 당일 배부할 각종 안내장과 동의서 등의 가정통신문을 한 번에 나눠 주기 쉽도록 파일에 담아 둡니다. 마지막으로 학급 운영에 필요한 물품을 정리하고 개인 준비물 목록을 작성합니다.

[학교]

학교는 입학식에 배부할 입학허가서를 신입생 정원에 맞추어 준비합니다. 본식에 사용할 의식곡 및 기타 영상을 확인하고 방송시설을 점검합니다. 정문과 후문에 입학을 축하하는 현수막을 걸고 표지판과 입간판을 세워 안내합니다. 입학식 안전계획을 수립하여 감염병 확산을 예방하고 사고 없이 본식이 이루어지도록 준비합니다. 시나리오에 따라 입학식이 진행될 수 있도록 1학년 선생님들과 협의하여 진행 상황을 점검합니다.

입학식 준비물 ▶

입학하는 날에는 책가방, 실내화 주머니, 실내화, 마실 물을 가져옵니다. 감염병 상황일 때는 여분의 마스크를 준비합니다. 3월이지만 아직 찬바람이 머무는 시기입니다. 입학식 장소가 야외인지 실내인지 확인하고 겉옷을 선택하길 바랍니다. 지나친 액세서리나 화려한 장식이 달린 옷으로 패션 감각을 뽐내기보다는 목에 건 이름표가 눈에 잘 띌 수 있도록 단정하고 깔끔하게 입으면 좋습니다.

♥ 당일 절차

아이들은 보호자와 함께 입학식에 참여합니다. 날씨나 학교 상황에 따라 입학식 장소는 운동장 또는 강당이 될 수 있습니다. 감염병 유행이 우려될 때는 각 교실에서 진행하기도 합니다. 이런 경우 학부모는 교실 안으로 들어오지 못합니다. 학교는 비담임 선생님들에게 협조를 구해 교문에서 아이를 맞이하여 해당 교실로 데려나 주므로 염려하지 않아도 됩니다.

[입학식장]

신입생은 입학식장에 입장하기 전에 이름표를 목에 걸어야 합니다. 일반적으로 벽보에 반별로 이름표를 부착해 놓습니다. 동명이인이 있으면 이름 옆에 생년월일을 표기해 줍니다. 학년, 반, 번호, 이름이 적혀 있는 이름표를 떼어서 자녀의 신체에 맞게 끈을 조절한 후 목에 걸어 주면 됩니다. 선생님은 이름표가 떼어진 자리를 보고 출석 여부를 빠르게 확인합니다.

이름표를 목에 걸었다면 해당 반 피켓 앞으로 가서 남녀를 구분하여 한 줄로 섭니다. 곳곳에 도우미 선생님이 있으므로 아이들은 안내에 따라 줄을 서고 부모님은 뒤에서 본식에 참여합니다.

본식은 일반적으로 개식사, 국민의례, 입학허가선언, 1학년 담임 선생님 소개, 학교장 인사, 특별 이벤트, 폐식사 순으로 진행됩니다. 인증샷은 식전이나 식후에 교실로 이동하기 위해 대기 중일 때 찍으면 좋습니다. 질서를 무너뜨리지 않고 아이들에게 혼란을 주지 않는 선에서 민첩하게 움직이는 센스를 발휘하길 바랍니다.

[교실]

본식이 끝나면 담임 선생님과 아이들은 교실로 이동합니다. 자기 이름이 붙어 있는 자리에 앉아서 선생님의 설명을 듣습니다. 우리 반이 몇 명인지 소개하고 출석 확인으로 아이들의 목소리를 듣습니다. 이어 학교생활에 대한 설명이 이어집니다. 학생들에게 하는 설명이지만 학부모에게 하는 안내입니다. 각종 가정통신문을 배부하고 회신용은 힘주어 설명합니다. 담임 선생님이 특별히 강조하고 싶은 사항이나 부탁하는 말을 덧붙일 수 있습니다.

안내장에 대한 설명을 마치면 아침 등교 후 스스로 해야 할 일을 구체적으로 설명합니다. 신발장 사용부터 교실에 들어와서 자리에 앉기까지의 일을 안내합니다. 자기 자리를 잘 찾을 수 있도록 교실을 한 번 둘러보고 기억하도록 강조합니다. 마지막으로 입학 선물을 받고 부모님과 함께 하교합니다. 하교할 때 우리 반이 사용하는 화장실과 출입구를 안내받았다면 집으로 곧장 가지 않고 화장실을 한 번 둘러보거나 사용해 볼 것을 권합니다. 학교 화장실에 대한 두려움을 없애기 위함입니다. 또, 교문에서 교실이 있는 건물 출입구까지 두세 번 왕복으로 걸어보면 다음 날 부모와 동행하지 않고 등교할 때 도움이 될 것입니다.

귀가 후 가정에서 ▶

귀가 후 자녀에게 입학식에 대한 소감을 묻고 학교와 선생님, 친구들에 대한 긍정적인 이미지를 가질 수 있도록 대화를 하면 좋습니다. 아이들은 선생님에 대한 첫인상을 부모님이 표현한 그대로 흡수하기 때문에 학교에 대한 긍정적인 마음과 학교생활에 대한 기대를 갖도록 선생님과 친구들의 장점에 대해 이야기 나눕니다. 그리고 다음 날을 위한 대화를 합니다.

자녀와 함께 우리 교실을 다시 떠올립니다. 정·후문에서 출입구까지, 출입구에서 교실까지 가는 길을 회상합니다. 아침에 교실에서 할 일도 순서대로 되새깁니다. 자녀의 자리가 어디였는지 상기시켜 줍니다.

그리고 안내장을 꼼꼼하게 읽습니다. 정보를 전달하는 안내장과 제출해야 하는 안내장을 구분하고 제출해야 하는 서류를 작성합니다. 작성한 회신문은 자녀가 직접 가방 속에 넣도록 하는 것이 좋습니다. 직접 넣지 않고 부모가 넣어줬을 경우 가방 속 제출물을 찾지 못하는 경우가 있습니다.

학생지도조사서 작성하기 ▶

입학식 날 받는 안내장 중에는 학생지도조사서가 있습니다. 학교마다 교육실태조사서, 교육환경조사서 등으로 그 명칭은 다릅니다. 입학원서와 비슷한 내용을 기록하지만, 담임 선생님이 학생의 실태를 좀 더 구체적으로 알 수 있게 작성해야 합니다. 입학원서에 쓰지 못했던 특이사항이나 유치원 때 아이가 특별히 힘들어했던 부분을 적으면 선생님이 적응기간에 주의 깊게 관찰하고 세심하게 살핍니다. 아이가 잘하거나 좋아하는 활동 또는 싫어하는 활동, 부모의 교육관 등 담임 선생님에게 하고 싶은 말을 적습니다. 이는 담임 선생님이 느끼는 부모의 첫인상이므로 예의 있게 표현해야 좋습니다.

♥ 입학식 후 담임 선생님은

　입학식이 끝났다고 선생님의 하루 업무가 끝난 것은 아닙니다. 학적 반영을 위해 출석 여부를 담당 선생님께 전달하고 학생 명부 작성을 위한 기초 작업을 합니다. 교실 안내판도 정비하고 학년 교육과정을 검토하여 기초 시간표를 입력합니다. 제출해야 할 것도 많은데 학급운영비 집행계획서, 청소용품 신청, 환경물품 구입 등 각종 기한을 압박하는 업무 메시지가 쏟아집니다.

　학급 일을 뒤로하고 늘봄교실과 방과후 부서 인솔에 대한 협의, 급식 지도에 대한 협의 등을 위한 학년 회의를 합니다. 새 학기 전 직원 모임에도 참석해야 합니다. 각종 회의로 인해 미뤄뒀던 메시지를 확인하고, 처리하다 보면 어느덧 퇴근시간을 훌쩍 넘기게 됩니다.

늘봄학교

늘봄학교는 정규 수업 외에 초등학생의 성장과 발달을 위해 학교와 지역사회의
다양한 교육과 돌봄자원을 연계하여 제공하는 종합 교육프로그램입니다.
늘봄과정은 학생의 방과후 및 방학 중 운영하는 교육 또는
돌봄 관련 프로그램으로써 기존의 돌봄교실과 방과후학교를 통합 개선하여
맞춤형 프로그램, 선택형(돌봄·교육) 프로그램으로 구성하여 운영합니다.
늘봄교실은 늘봄과정이 이루어지는 공간을 말합니다.

전국 시·도 교육청은 교육부에서 보급한 「늘봄학교 운영 길라잡이」를 바탕으로
지역의 실정에 맞게 늘봄학교를 계획하여 운영하므로
세부 내용은 거주하는 지역에 따라 다를 수 있습니다.
본문에서는 「늘봄학교 운영 길라잡이」의 내용에 준하여 안내합니다.

03
늘봄학교

● × ÷ ✚

　최근 출산율 저하로 전체 학생 수가 감소하는 추세입니다. 반면 맞벌이 가정의 증가로 돌봄의 수요는 지속적으로 증가하고 있습니다. 신도심이나 아파트 밀집 지역은 대기 수요가 많음에도 시설의 문제로 수요를 충족시키지 못하는 실정입니다. 늘봄학교는 이런 대기 수요를 해소하고 희망하는 학생은 누구나 다양한 교육과 돌봄 지원을 받을 수 있도록 마련한 체제입니다.

　학교는 학년도 및 학기 시작 전 학생과 학부모를 대상으로 늘봄학교 참여 희망 여부, 참여 유형, 참여 시간, 희망 프로그램, 프로그램의 수준 및 운영 시간 등의 수요를 조사합니다. 온라인이나 가정통신문을 통해 설문하며 1월 신입생 예비소집일, 2월 재조사, 3월 입학식 등 학교가 자율적으로 조사 시기를 결정하여 실시합니다.

조사한 내용을 바탕으로 참여 희망 학생 수, 시간대별 참여 학생 등이 파악되면 학교는 필요한 공간을 마련하고 설문 결과를 반영하여 늘봄과정(맞춤형 프로그램, 선택형 돌봄 프로그램, 선택형 교육 프로그램)을 계획합니다. 연간 운영 계획이 수립되면 학교운영위원회의 심의를 거쳐 프로그램을 확정하고 신청을 받아 운영하게 됩니다. 학교는 연 1회 이상 늘봄학교 공개의 날을 운영하고 만족도 조사를 통해 차기 학년도의 계획 수립에 반영합니다.

♥시간대별 늘봄학교

늘봄학교는 이용 시간대에 따라 아침 늘봄, 오후 늘봄, 저녁 늘봄으로 구분합니다.

[아침 늘봄]

아침 늘봄은 학교 여건 및 대상 학생의 수요를 고려하여 정규 수업 전 1시간 내외로 운영합니다. 수업 전 아침 시간에 학교에 머무르면서 교육이나 돌봄 활동에 참여하기를 희망하는 학생들이 있는 경우 여건에 맞게 제공되는 교육·돌봄 프로그램입니다.

[오후 늘봄]

오후 늘봄은 정규수업이 끝나고 학교 여건에 맞게 17시~19시까지 운영합니다. 방과후에 학교 안에 머무르면서 교육이나 돌봄 활동에 참여하기를 희망하는 학생들에게 희망하는 형태로, 희망하는 시간까지 제공되는 교육·돌봄 프로그램입니다.

오후 늘봄에서 운영하는 프로그램은 맞춤형 프로그램, 선택형 돌봄 프로그램, 선택형 교육 프로그램이 있습니다.

[저녁 늘봄]

저녁 늘봄은 오후 늘봄 이후 돌봄 활동에 참여하기를 희망하는 학생들이 있는 경우 17시, 18시부터 20시, 22시까지 여건에 맞게 운영합니다. 주로 지역사회 돌봄기관(지역아동센터 등)과 연계하여 제공되는 프로그램입니다.

♥ 참여 유형별 늘봄학교

늘봄학교는 참여 유형에 따라 맞춤형 프로그램, 선택형 돌봄 프로그램, 선택형 교육 프로그램으로 구분하여 운영합니다. 신입생 예비 소집일 즈음하여 늘봄 프로그램에 대한 사전 홍보를 진행하니 주의 깊게 홍보물을 살펴보시기 바랍니다.

[맞춤형 프로그램]

　1~2학년 희망 학생을 대상으로 연중 매일 2시간(또는 2차시)을 무상으로 제공하며 학생의 성장 발달에 맞게 다양한 활동을 합니다. 참여 희망 조사는 주로 신학기 전에 학기별로 조사하지만 학교마다 자율적으로 조사 시기를 결정하므로 학교 안내장을 확인해야 합니다. 방학 희망 조사는 여름방학 및 겨울방학 시작 전에 따로 할 수 있습니다. 수요 조사 결과에 따라 운영 교실 수를 확정하여 운영합니다.

　1~2학년만을 대상으로 하므로 학교생활 적응과 신체 및 조작 활동 등의 놀이 활동을 주로 하고 특기·적성 프로그램을 구성하기도 합니다.

[선택형 돌봄 프로그램]

　1~6학년 학생 중 돌봄 서비스를 희망하는 학생을 대상으로 오후 늘봄을 운영하며 늘봄교실이나 지역돌봄기관을 이용하여 개인 활동, 특기·적성 활동, 자율 활동 등을 합니다. 시·도 여건 및 수요 등을 고려하여 아침 늘봄과 저녁 늘봄을 운영하기도 합니다. 아침과 저녁 늘봄은 학생들이 자율적으로 독서나 놀이 활동을 할 수 있습니다.

선택형 돌봄 프로그램에 참여하여 늘봄교실을 이용할 때는 돌봄 선생님과 자녀의 일정을 공유하는 것이 매우 중요합니다. 자녀의 안전과 관련된 일이고 선생님은 입·퇴실 시간 등의 출결 사항을 정확하게 기록하기 때문입니다.

늘봄교실에 와야 하는 아이가 제시간에 도착하지 않으면 돌봄 선생님은 담임선생님에게, 같은 반 학생들에게, 학부모에게 물어서 학생의 행방을 확인합니다. 일정이 변경되어 돌봄을 이용하지 않는 날, 늘봄교실 하교를 평소보다 일찍 해야 하는 날에는 돌봄 선생님께 미리 변경된 사항을 알려줘야 합니다. 돌봄 선생님은 아이들의 선택형 교육 프로그램 일정을 책상에 붙여 놓고 개인별로 관리합니다. 활동 부서와 이용 시간에 변경이 있을 때마다 사전에 선생님께 연락해야 효율적이고 안전하게 돌봄을 받을 수 있습니다.

그 외 아이가 특별한 관심이 필요한 정서·행동적 특징이 있다면, 선생님이 예상하고 배려할 수 있도록 초기에 알려주어야 자녀에게 도움이 됩니다.

[선택형 교육 프로그램]
1~6학년 학생과 학부모의 수요에 따라 교과나 특기·적성 강좌를 개설하여 교육 기회를 제공하는 유상 프로그램(기존 방과후

학교)입니다. 학교의 상황에 따라 대상 학년이나 프로그램 강사별로 요일 또는 시간이 다양하게 운영되니 학교의 안내장을 확인하고 관심 있는 부서에 신청하면 됩니다.

이와 같은 늘봄학교의 프로그램은 지역이나 학교의 상황과 여건에 따라 탄력적으로 운영합니다. 그래서 학생과 학부모를 대상으로 수요 조사를 할 때 신중하고 적극적인 자세로 참여해야 합니다. 수요 조사를 반영하여 학교마다 프로그램을 구성하고 운영 방법을 결정하므로 이와 관련된 학교의 안내장을 정독한 후 참여하길 바랍니다.

♥ 담임 선생님은 개인 비서가 될 수 없어요

1학년은 늘봄학교에 참여하는 학생이 많아서 담임 선생님이 모든 학생의 방과후 일정을 기억할 수 없습니다. 학생마다 요일별 일정이 다르고, 같은 부서라도 참여하는 시간이 다르기 때문에 학생 스스로 자기가 참여하는 부서명, 요일, 시간, 장소를 기억해야 합니다.

선생님은 늘봄학교 관련 안내장을 확인 및 배부만 하고 운영에는 참여하지 않습니다. 부서 운영에 관한 문의는 안내장에 명시된 연락처 또는 강사 선생님께 직접 해야 궁금증을 빨리 해결할 수 있습니다.

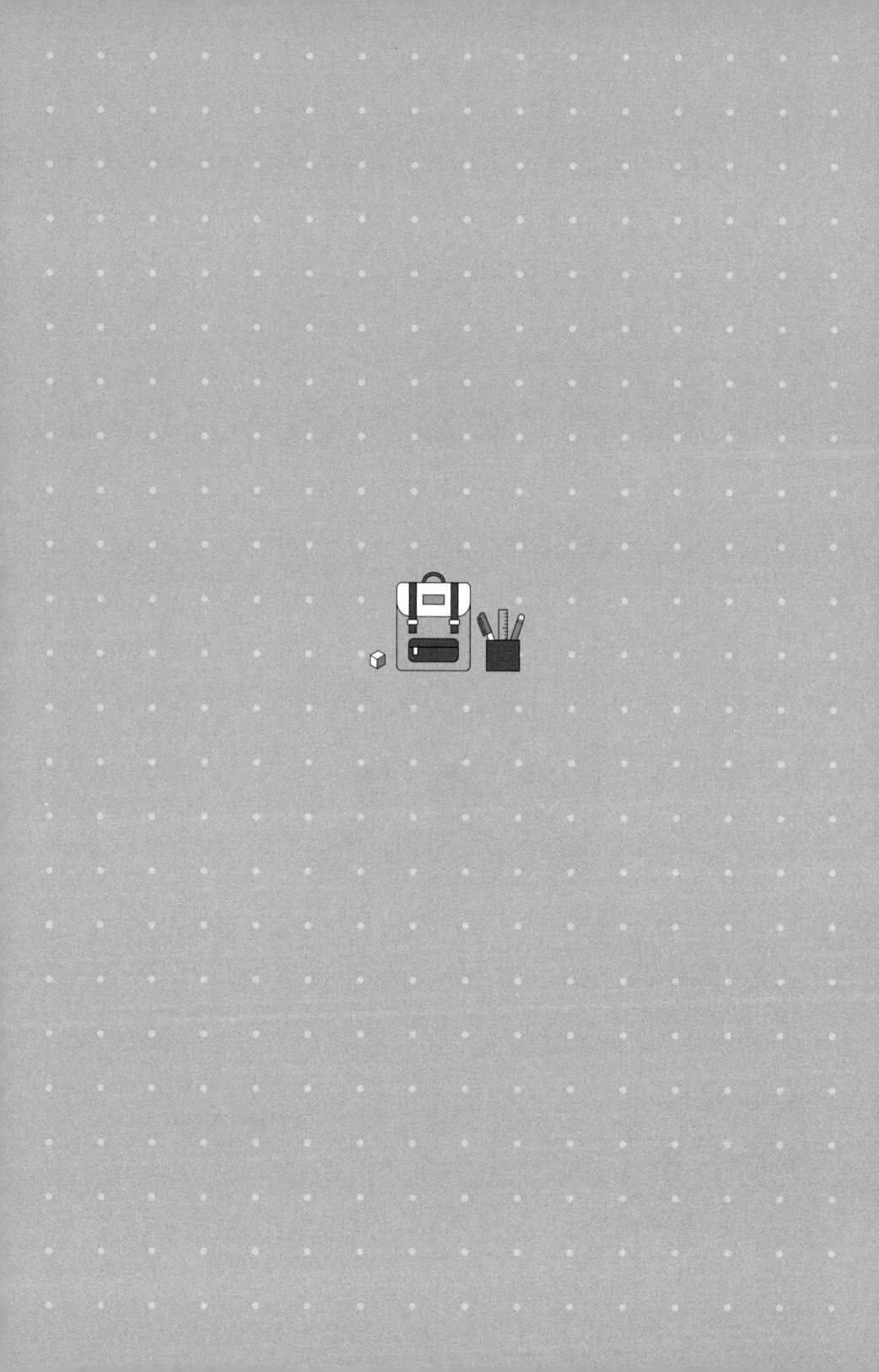

우리아이 첫학교

CHAPTER 02

슬기로운 학교생활 준비

학생편

입학 후 2~3주 동안은 학교 적응기간으로
아이들은 새로운 환경에 적응하고 학교생활에 필요한 기본 규범을 익히며,
즐겁고 건강하게 학교생활을 하기 위한 준비를 합니다.
본격적인 교과 학습에 들어가기에 앞서 학습에 필요한 태도와 기능을 습득하고,
친구 간 원만한 인간관계를 형성하도록 다양한 활동을 합니다.
담임 선생님은 반 학생들의 한글과 수 익힘 수준 등을 파악하여,
교과 학습을 할 때 중점적으로 지도해야 할 점이 무엇인지 생각합니다.
아이들이 이 기간을 잘 보내야 학교생활을 슬기롭게 잘해 나갈 수 있습니다.
가정에서는 학교생활을 어떻게 준비해야 하는지
입학 전부터 적응기간까지의 활동을 중심으로 살펴보겠습니다.

A. 학습 습관 세우기

학생들이 입학 후 학교생활에 흥미를 갖고, 학교에 오는 것을 즐겁게 느끼도록 하는 것은
매우 중요합니다. 그래서 학교는 학생의 정서적 안정을 위해 교실 환경을
친밀감 있게 꾸미고, 아이가 학교를 낯설어하지 않도록
입학 전 활동과 연계된 다양한 활동을 준비합니다.
학생도 신나는 학교생활을 위한 준비가 필요합니다.

01
한글! 위풍당당한 준비

● × ÷ ╋

♥ 교육과정 속의 한글교육

　7차 교육과정이 개정될 즈음 매스컴마다 취학 전 아동은 한글을 미리 익힐 필요가 없다고 보도했습니다. 낫 놓고 'ㄱ'자를 몰라도 입학 후 배우면 된다고 새로운 교육과정에 대해 반복하여 설명했습니다. 이는 유치원에서 한글교육을 할 필요가 없고 한글을 모르고 입학해도 학교생활에 어려움이 없을 거라는 것입니다. 당시에 1학년을 이미 경험했던 저는 동료 선생님들과 모여서 교과서에 실린 한글 교육내용이 실제 학생들 수준에 맞는가, 한글이 교과서에 나온 학습 순서대로 익혀지는 것인가, 교육과정에 반영되는 한글 교육시간은 충분한가를 두고 실현 가능성과 한글교육 방향에 대해 진지하게 토론했던 기억이 납니다.

몇 해가 지나 학교를 옮기고 1학년 부장을 연이어 맡고 있을 때 급식실에서 병설 유치원 선생님을 만났습니다. 병설 유치원 선생님은 유치원에서 한글을 어디까지 가르쳐 입학시켜야 좋은지 조심스럽게 물었습니다. 국가 수준의 표준화된 누리 교육과정이 시행되면서 유아 단계부터 기초적인 듣기, 말하기, 읽기, 쓰기 학습이 가능해졌기 때문입니다. 하지만 누리과정에서 허용하는 쓰기는 말을 끼적이거나 자기의 생각과 느낌을 자유롭게 글자와 비슷한 선, 모양 등으로 표현하는 수준입니다. 글자를 배우기 위한 선 긋기, 글자 모양 따라 쓰기, 자모음 외우고 반복해서 쓰기 등의 철자교육은 하지 말라는 난해한 해설 때문에 유치원 선생님들 역시 입학 전 한글 익힘 수준에 대해 고민이 많다는 것입니다.

2015 개정 교육과정에서는 누리과정에서 한글교육을 전혀 하지 않았다는 것을 전제로 1학년 국어 교과의 내용을 구성하였습니다. 1학년 1학기 국어 수업 중 한글 교육시간을 51시간으로 확대하고, 어려운 겹받침은 2학년까지 반복하여 배울 수 있도록 교과서의 한글 교육시간을 1~2학년 총 68시간으로 증배하였습니다.

2022 개정 교육과정에서는 초등 저학년 한글 및 기초 문해력 교육을 더욱 강조합니다. 적응 기간에 통합 교과와 중복되는 창

의적 체험활동 시간을 대폭 축소하고 국어 시간을 34시간 증배하여 한글 해득 및 익힘 시간을 갖도록 하였습니다. 입학 초기 적응 활동부터 한글 교육을 시작하여 1학기 동안 한글 해득 교육에 집중합니다.

한글책임교육정책에 맞춰 1학년은 국어 교과서 외에 별도로 개발된 한글교육 교재와 프로그램을 활용하여 교육합니다. 현장에서는 학생들의 한글 익힘 수준에 따라 한글 보충 교재를 주교재로 할지, 교과서를 주교재로 할지 판단한 후 혼용하여 지도하고 필요하면 하교 후에 별도의 보충시간을 확보해서 가르치고 있습니다.

♥ 낫 놓고 'ㄱ'자도 모르면

누리과정을 성실하게 이수하였으나, 실제로 낫 놓고 'ㄱ'자도 모르는 아이가 입학해 겪게 되는 학교생활의 어려움에는 어떤 것이 있는지 경험을 이야기해 보겠습니다.

입학하는 날에는 담임 선생님의 인솔하에 부모님이 교실까지 동행합니다. 아이는 자신의 자리를 안내받고 입학식에 참여하는 데 아무런 어려움이 없습니다. 하지만 다음 날부터는 혼자 입실

해야 합니다. 교실을 못 찾고 어제 앉았던 자리가 어디인지 기억하지 못해 출입구나 교실 문 앞에서 서성거리는 아이들이 생각보다 많습니다. 교실의 자리에는 학생의 이름이 부착되어 있는데 이름을 읽을 수 있어야 자기 자리를 찾고, 사물함도 찾고, 물건도 찾을 수 있습니다. 학교에서 배부되는 모든 활동자료에는 이름을 써야 합니다. 이는 입학과 동시에 자신의 이름을 읽고 쓸 수 있어야 가능합니다.

   입학식이 끝날 무렵에는 다음 날 아침에 등교하면 1교시가 시작될 때까지 교실에서 무엇을 해야 하는지 설명합니다. 첫날 분위기가 한 학기 교실의 분위기를 좌우하므로, 선생님은 안정되고 조용한 교실 분위기를 만들기 위해 매우 정성을 들여 이야기합니다.
   먼저, 신발장에 신발을 자기 번호 칸에 가지런히 넣습니다. 뒷문으로 들어와서 거울 앞에 있는 손소독제를 바릅니다. 선생님께 인사를 하고 자기 자리에 가서 가방을 벗은 후 가방 속에서 제출용 파일에 들어 있는 회신서를 제출 바구니에 넣습니다. 그 다음 가방 속에서 필통을 꺼내 책상 서랍 속에 넣고, 읽을 책을 꺼내 책상 위에 올려놓습니다. 그리고는 가방을 책상에 겁니다. 바른 자세로 앉아 조용히 자기가 가져온 책을 봅니다.

설명을 마치면 선생님은 학생들이 기억하도록 단계별로 시범을 보여 주고, 내일 아침 교실에 들어오는 장면을 상상하도록 합니다. 할 일을 간단하게 정리한 내용을 TV를 통해 보여 주며 따라 읽기도 합니다. 이렇게 서너 번 반복해도 1학년이 선생님의 설명을 모두 기억하기는 어렵습니다. 선생님은 설명을 마치면 주요 내용을 출력하여 교실에 게시합니다. 학생이 읽고 스스로 할 수 있도록 안내하는 것입니다.

다음 날 선생님은 등교하는 아이들과 인사를 나누고 어제 설명한 대로 실행하는지 확인합니다. 경우에 따라 게시물을 보도록 손으로 안내합니다. 다시 한번 읽어 주기도 합니다. 입학 후 2~3일은 신발장 사용 지도와 교실 지도를 병행하는데 선생님은 교실 문턱에 발을 걸치고 서서 두 공간을 동시에 살핍니다. 아이들이 일시에 등교하는 것이 아니므로 복도 쪽을 보다가 교실 쪽 안내를 놓칠 수 있습니다. 선생님이 복도 지도를 하고 있을 때 아이가 교실에 입장하면 몇 명의 아이들은 무엇을 해야 하는지 몰라서 사물함 앞에 쭈뼛거리며 서 있습니다. 눈치를 보다가 친구들이 앉아 있으니 자기도 어제 앉았던 자리에 가방을 맨 채로 앉아 있습니다. 크게 붙여 놓은 '아침에 등교하면 할 일'을 읽을 수 있는 아이는 선생님의 도움 없이도 순서대로 수행합니다. 아침에 할 일을 스스로 수행한 아이에게 선생님의 칭찬이 먼저 닿습니다.

　적응기간에 하는 활동 중 학교를 둘러보는 것은 매우 중요한 일입니다. 선생님을 따라 각 층을 순회하면서 특별실의 위치를 익힙니다. 1학년이 가장 많이 드나드는 보건실과 도서실은 푯말을 가리키면서 강조하여 안내합니다. 컴퓨터실 등의 방과후 교실도 몇 층인지 알려주며 아이들이 기억해 주기를 바랍니다. 대략 입학 2~3일 후부터 방과후학교 부서 활동이 시작되는데 2주 정도는 부서 선생님이 교실로 와서 아이들을 직접 인솔합니다. 하지만 인솔기간이 끝나면 스스로 방과후 교실을 찾아가야 합니다. 글을 아는 친구들은 헤매다가도 부서 푯말을 읽고 입실하지만 종종 교내 미아가 발생하기도 합니다. 물론 각 층 선생님들은 1학년이 헤매고 있으면 먼저 말을 걸고 도와줍니다. 용기 없는 친구들은 그 자리에 서서 울기도 합니다. 친한 친구를 따라 무심코 교실을 나섰다가 친구가 자기 부서를 찾아가면 자기는 혼자 복도에 남아 교실로 오는 길을 기억하지 못해 미아가 되기도 합니다. 적응기간에는 이와 같은 일이 빈번하기에 담임 선생님이 마음을 단단히 먹고 근무합니다. 그렇지만 불쑥 발생하는 변수에 당황하고 넋을 잃을 때가 있습니다. 아이가 글을 알기만 해도 목적지가 있는 해당 층 복도에서 "저기 보드게임부 보이지?"라고 안내하고 돌아서서 다른 아이에게 조금 더 일찍 도움을 줄 수 있습니다.

  한글을 모르고 입학하면 학교생활 전반에 불편함을 겪고 수업 시간에도 어려움을 겪습니다. 적응기간에는 교과 학습을 하지 않고 주로 활동 위주의 수업을 하지만, 기본 읽기가 되어야 활동에 즐겁게 참여할 수 있습니다.

  적응기간에는 학교에 대한 소속감을 갖고 애교심을 기르도록 교가를 배웁니다. 학생들 수준에 맞춰 학습한 내용을 노래로 익히는 활동도 많이 하는데 글을 모르면 가사를 읽을 수 없습니다.

  담임 선생님으로서 안타까웠던 한 장면이 생각납니다. 수업 태도가 좋고 적극적으로 자기의 생각을 말하며 흥이 많은 아이가 있었습니다. 그런데 글을 몰라서 노래를 부르는 시간만 되면 소극적으로 변합니다. 목소리를 마음껏 낼 수 없습니다. 반복되는 음에 몸으로 흥을 느낄 뿐입니다. 교가를 부를 때 영상 아래 자막으로 나오는 가사를 읽을 수 없습니다. 가사를 읽을 수 있다면 누구보다 큰 목소리로 즐겁게 노래할 텐데… 반복 학습으로 며칠에 걸쳐 익히는 수밖에 없습니다. 선생님은 "글을 읽을 수 있는 학생은 친구가 들을 수 있게 크게 노래해 주세요."라고 말합니다. 아이의 자존감에도 영향을 미치게 됩니다.

적응기간이 끝나고 교과 학습이 시작되면 한글 익힘 수준이 수학 교과에 영향을 미칩니다. 한글책임교육정책에 따라 수학과에서 스토리텔링 비중을 대폭 축소하고 국어 교과서의 한글교육 진도를 앞서는 글자나 어휘를 최대한 배제하여 집필하였습니다. 하지만 국어 시간에 자음자와 모음자를 익히고 있을 즈음 수학 시간에는 문제를 읽고 해결해야 합니다. 수학 교과서의 문제는 그림으로만 되어 있지 않습니다. 간단한 문장이지만 글을 읽고 문제를 이해해야 합니다. 선생님이 문제를 읽어 주지만 이해력과 해결력에 차이가 나는 것은 어쩔 수 없습니다. ㄱ, ㄴ…을 학습하는 국어과와 한글 해득 수준이 문제 이해와 해결력으로 이어지는 수학과의 괴리가 현장 선생님들을 당황하게 만듭니다. 한글 익힘 수준은 학교생활 전반에 영향을 주어 한글 자모의 이름조차 모르고 입학하면 학습 부진으로 진행되기 쉽습니다.

♥ 준비된 아이가 세상을 먼저 본다

한글은 모국어로, 학습시기가 따로 있다고 생각하지 않습니다. 보통의 아이라면 생활 속에서 듣기, 말하기는 자연스럽게 습득합니다. 구두 언어는 가족 구성원 간의 상호작용이나 인적 환경의 영향을 받아 시간을 따로 내어 익히지 않아도 자연스럽게 발달합니다. 반면에 문자 언어는 읽기, 쓰기 영역으로 인위적인 학습을 통해 익히기 때문에 구두 언어에 비해 익힘 속도가 느립니다. 이 과정에서 개인차가 현저히 나타나므로 한글교육의 적정시기나 학습 수준을 고민하게 됩니다.

  한글 자모음의 이름을 모르고 입학한 경우라도 구두 언어가 자연스러우면 한글을 쉽게 익힐 수 있습니다. 정서나 사회성 발달에 문제가 없으며 지능이 정상 수준인 아이는 한 학기가 지나면 친구들과 동일한 수준으로 문자를 읽을 수 있습니다. 담임 선생님이 교과 수업시간과 보충 수업을 병행하여 한글교육에 힘을 쏟아 지도하고 아이도 친구들과의 격차를 스스로 인식하므로 보충 수업에 열심히 참여합니다.

  다만 지금까지의 경험으로 봤을 때 입학 전 읽기 수준은 받침이 없는 글자 정도는 읽을 수 있어야 적응기간을 즐겁고 자신감 있게 보낼 수 있습니다. 받침이 없는 글자만 알아도 들었던 내용을 더듬거리거나 문맥을 따져 모르는 글자를 헤아릴 수 있습니다. 자신이 아는 글자 사이에 있는 모르는 글자를 유추하여 읽습니다. 선생님에게 자기가 맞게 읽었는지 확인하려고 할 때 글을 스스로 깨우치는 성취감도 느끼게 될 것입니다.

  쓰기 수준은 본인의 이름만 쓸 수 있으면 적응기간에 겪는 어려움은 없습니다. 한글 학습을 시작하면 읽기와 함께 자연스럽게 쓰기도 병행하게 됩니다. 읽기가 된다면 쓰기도 즐겁게 학습할 수 있습니다. 하지만 읽기가 안 되면 수행이 늦어지고 친구들보다 더 많은 학습 기회가 필요합니다.

본격적인 한글 학습은 적응기간이 끝나야 이루어지지만 이미 학교 환경은 수많은 글자로 이루어져 있습니다. 글을 아는 아이가 학교생활에 적응이 빠릅니다. 친구 이름을 읽을 수 있으면 친구를 쉽게 사귈 수 있습니다. 글을 알아야 자주적인 아이가 되고, 자주적인 아이가 선생님의 칭찬을 받기 위한 기회를 더 많이 탐색합니다. 학교생활에 적극적인 아이가 되는 것입니다. 준비된 아이가 자주성과 적극성을 갖춰 친구들보다 세상을 먼저 알아가게 될 것입니다.

02
수! 생활 속에서 친해지게 하려면

● × ÷ ＋

♥ 1학년에서 배우는 수의 범위

   사물의 개수나 양을 나타내기 위한 수는 수학에서 다루는 가장 기본적인 개념입니다. 실생활뿐만 아니라 여러 교과와 수학의 다른 영역을 학습하는 데 필수적입니다. 1학년 수와 연산 영역에서 필요한 기능은 수 세기, 수 읽기, 수 쓰기를 기본으로 이해하기, 비교하기, 계산하기, 어림하기, 설명하기, 문제 해결하기, 문제 만들기 등이 있습니다.

   1학년 1학기 수학 1단원에서는 9까지의 수를 익힙니다. 어떤 과자가 더 큰지, 어떤 봉지의 초콜릿이 더 많은지와 같이 다양한 양들을 비교할 때 수가 필요함을 이해합니다. 일상생활에서 수를 세고, 순서를 알아보고, 크기를 비교하는 경험을 통하여 9까지의 수를 읽고 쓰며 활용하는 것을 학습합니다. 5단원에서는 10을 이해하고 몇 십을 알아본 후 19까지의 수를 모으기와 가르기, 10개씩 묶어 세기, 50까지의 수를 세어 보고 나타내는 학습을 합니다.

2학기에는 99까지의 수에 대해 알아보고 몇 십 몇 세고 읽기, 1만큼 더 큰 수와 작은 수 표현하기를 통해 100까지의 수를 학습하며 홀수와 짝수를 직관적으로 이해하도록 합니다. 또 받아 올림이나 받아 내림이 없는 (몇 십 몇) +/− (몇), 10이 되는 더하기, 10에서 빼기, 합이 10이 되는 두 수를 이용한 세 수의 덧셈하기를 학습합니다. 실생활 속에서 10을 이용한 가르기와 모으기를 통해 받아 올림이나 받아 내림이 있는 덧셈과 뺄셈을 다양한 전략을 활용하여 해결하도록 합니다. 그 외 시계 보기를 통해 시각을 30분 단위로 읽어 실생활에서 의사소통할 수 있게 합니다.

그렇다면 수는 어디까지 알고 입학해야 학습하는 데 어려움이 없을까요?

♥ 생활 속에서 수 감각 키우기

생활 속에서 10까지 수의 개념과 양감을 익힌 아이라면 1학년 수학을 공부할 때 큰 어려움이 없습니다. 일상생활에서 수 세기, 수 가르기와 모으기, 홀수와 짝수를 구분하는 놀이로 수에 대한 개념을 형성하고 수의 감각을 키울 수 있습니다.

　엄마가 젤리를 하루에 다섯 개만 먹으라고 합니다. 그럼 아침에 젤리 봉지에서 하나, 둘, 셋, 넷, 다섯 또는 일, 이, 삼, 사, 오로 세어 간식 접시나 통에 담아 놓습니다.
　자연스럽게 수를 세고 익히는 학습이 이루어지는 장면입니다.
　이번에는 젤리 다섯 개를 언제 몇 개를 먹을 것인지 결정합니다. 아침에 2개, 점심에 3개 또는 아침에 2개, 점심에 2개, 저녁에 1개 등 스스로 결정하여 나누어 보게 합니다.
　자연스럽게 수를 가르고 모으는 학습을 할 수 있으며, 10 이하의 수 개념을 익힐 때 효과적인 방법입니다.
　동생이나 다른 가족과 함께 과일이나 간식을 나눠 먹을 때도 수 감각을 키울 수 있습니다. 양이 많은 봉지 과자를 둘이서 똑같이 나눠 먹기로 했다면 접시 두 개를 준비합니다. 좋아하는 간식을 얼른 먹기 위해서는 집중하는 모습을 보일 겁니다. 이때 하나씩 세어 나누면 시간이 오래 걸리기 때문에 두 개씩, 다섯 개씩 또는 열 개씩 묶어서 나눌 수 있습니다. 과자를 나눈 후에는 양이 똑같은지 하나씩 세어 확인하는 과정을 가집니다. 그러면 수를 묶고 가르고 더하는 과정을 학습이라 인식하지 못한 채 자연스럽게 수 감각을 키우게 됩니다.

짝으로 이루어진 물건으로 짝수와 홀수 개념을 익힐 수 있습니다. 아이가 젓가락 놓기, 신발 정리하기, 양말 개기 등을 할 때 짝이 있으면 짝수, 하나가 남으면 홀수라고 용어만 알려줘도 쉽게 접근할 수 있습니다. 아이가 용어를 알고 있다면 바둑돌이나 비슷한 놀잇감으로 홀짝 맞추기 놀이를 해 보길 권합니다. 홀짝의 확인을 위해 주먹 안의 물건을 세어야 하고 개수가 많아지면 묶어 세기를 해야 하므로, 수 세기를 능숙하게 할 수 있게 됩니다.

가정에 전자시계가 있다면 아이는 두 자리 수를 자연스럽게 익히고, 60까지의 수에 익숙해집니다. 1학년 수준에서 두 자리 수는 큰 수에 속하는데, 생활 속에서 두 자리 수를 경험하도록 의도적으로 환경을 만들어 주는 것도 좋습니다.

그 외 아이가 가정이나 생활 주변에서 접할 수 있는 수를 알고 있으면 도움이 됩니다. 예를 들어, 우리 집 주소에 있는 수, 시계에 있는 수, 달력에 있는 수, 가전에 붙은 에너지 효율 등급 라벨에 있는 수 등 각종 생활용품이나 포장용지에 적혀 있는 수를 읽고 그 양을 이해하는 수준이면 됩니다. 아이는 생활 속에서 수 개념을 형성하고, 자연스럽게 십진법을 이해하게 됩니다.

하지만 이와 같은 환경에 노출되어도 수를 보는 활동을 등한시하면 아이는 수 읽기나 수 쓰기를 난해한 학습으로 받아들입니다.

♥ 낯선 만큼 멀어진다

　선생님은 10 이하의 수 세기를 할 때 수를 어려워하는 아이를 바로 파악할 수 있습니다. 손가락으로 5를 나타낼 때 누구나 쉽게 한 번에 손가락을 쫙 펼칠 것 같지만, 수가 낯선 아이는 단번에 손가락 다섯 개를 펼치지 못합니다. 하나, 둘, 셋, 넷, 다섯 하며 하나씩 세어야 5를 나타낼 수 있습니다. 손가락이 다섯 개이고, 양 손가락을 모두 세면 10이라는 것조차 낯선 아이에게는 10까지의 수가 매우 어려운 학습입니다. 손가락으로 수를 셀 때마다 들고 있던 연필을 내려놓고 하나씩 세며, 익숙해질 때까지 매시간마다 반복해서 학습합니다.

　선생님은 "느려도 괜찮아!", "틀려도 괜찮아!"라고 이야기하지만 실행 속도가 현저히 떨어지는 아이는 친구들의 집중된 시선을 받을 수 있습니다. 친구들의 이목이 불편한 아이는 한 박자씩 늦기는 하지만 친구들이 펼친 손가락을 보고 최선을 다해서 능숙한 척합니다.

　수 단원이 끝나면 도형 학습으로 넘어갑니다. 아직 수 세기가 익숙하지 않은 아이는 수를 낯설고 어려운 상태로 남겨 두고 도형 학습을 시작합니다. 도형 학습을 하다 보면 손가락을 꼽으며 세었던 수는 자연스럽게 잊어버립니다. 익숙해지려던 수가 점점 멀어지게 됩니다. 생활 속에서 수 개념을 형성하지 못한 채 입학한 아이는 이렇게 수 부진아가 되어갑니다. 다음 수 단원에서는 더 큰 수가 나오기 때문에 선생님이 따로 시간을 내어 보충해 주지 않으면 수업 내용을 따라가기 어렵습니다. 아이는 점점 수학에 거부감을 보이게 됩니다.

아이가 생활 언어에 능숙하고 표현력도 좋은데 수는 별개의 영역처럼 느린 경우가 있습니다. 부모 역시 자녀와 의사소통이 원활하고 생활에 별다른 어려움이 없어 이를 알아채지 못할 수 있습니다. 입학 전에 아이의 수 감각은 어느 정도인지 점검하고, 생활 속에서 수를 자연스럽고 익숙하게 받아들이도록 해야 좋습니다.

♥ 지나친 선행 학습이 미치는 영향

1학년 교육과정에서 학습하는 연산은 10 이하의 수를 가르고 모으는 활동이 기본입니다. 두 자리 수와 한 자리 수의 범위에서 받아 올림과 받아 내림이 있는 덧셈, 뺄셈을 해결합니다.

연산에 자신이 있는 아이들은 수업시간에 선생님 말씀에 집중하는 경우가 드뭅니다. 선생님의 설명을 듣지 않고 먼저 교과서의 문제를 풉니다. 선생님의 설명이 끝나고 교과서의 문제를 해결해 보자고 하면 "다 했는데요."라고 선생님의 칭찬을 바라며 큰 소리로 외칩니다. 선생님은 "수학에서 중요한 것은 속도가 아니라 정확성입니다. 선생님의 설명을 듣고 하자고 했는데 선생님의 설명을 놓치면 실수를 하게 돼요. 수학시간에 선생님은 빨리 한 학생을 칭찬하지 않아요."라고 말하며, 다 했다고 하는 친구에게 다가갑니다. 맞게 해결한 학생도 있으나 십중팔구는 선생님이 주의하라고 하는 부분을 놓칩니다. 수업시간에 왜 선생님의 설명을 들어야 하는지 지도합니다. 이미 알고 있는 친구는 선생님의 설명을 들으면서 자신의 방법이 맞는지, 자기의 생각이 옳은지 확인하면서 집중해야 하고 잘 모르는 친구들은 자세히 알아가는 시간이므로, 집중해야 한다고 이야기합니다.

  선생님이 설명할 때 선생님보다 먼저 말하거나 질문이 끝나기도 전에 대답하는 학생도 있습니다. 이런 경우 수업 진행에 방해가 되거나 친구들이 생각할 기회를 빼앗게 됩니다. 선생님은 이런 친구들을 잘한다고 칭찬하지 않습니다. 선생님이 칭찬하면 학생의 언행이 강화되기 때문입니다. 너도나도 먼저 말하면 선생님은 설명을 중단하게 됩니다. 이러한 상황은 수업 분위기를 망치고, 연산이 더딘 친구들에게 열등감을 주게 됩니다. 잘난 척한다는 이미지를 얻을 수도 있습니다.

학생마다 수 개념의 형성 정도가 다르고 연산 능력에 따른 문제해결 속도의 차이가 큽니다. 그래서 선생님은 주로 중하위 수준에 맞추어 수업을 진행하지만, 상위 수준의 학생들에게 어떤 역할을 부여할지 고민합니다. 자신의 지적인 면을 발산할 수 있도록 사고력을 자극하는 내용도 계획합니다.

선행 학습이 문제해결력 향상에 좋은 영향을 줄 수 있으나 바람직한 학습 태도 형성에는 악영향을 주는 경우가 많습니다. 수업 내용에 대한 자신감은 채워줄 수 있으나, 주변의 시선을 스스로 인식하지 못하는 학생은 교실 분위기와 자신의 이미지에 해를 입게 됩니다. 교실 수업은 혼자 하는 공부가 아니므로 지식의 습득이 앞설수록 공동체 학습에 알맞은 태도와 자세를 갖추는 것이 중요합니다.

03
혼자서 독서할 수 있게 하려면

● × ÷ ✚

    선생님의 교육관이나 학급 운영 방법에 따라 아침 활동은 다양하게 운영되지만, 대부분의 교실에서는 주로 독서를 합니다. 학급문고를 이용하고 집에서 가져온 책을 읽기도 합니다.
    아침 독서시간에 보통의 아이들은 두세 권의 책을 읽습니다. 물론 독서시간이 10분 이상 확보되었을 경우입니다. 등교 후 1교시 전 또는 조회할 때까지 10분 내외의 시간 동안 1학년 아이들이 독서하는 모습은 참으로 다양합니다.

♥ 책으로 여는 아침

선생님이 따로 책 읽는 자세를 지도하지 않아도 바른 자세로 앉아 책과 눈의 거리까지 조정하며 책을 읽는 친구가 있습니다. 또는 손으로 한 글자씩 짚어 가며 소리 내어 읽는 학생, 자기 책은 보지 않고 옆 친구의 책만 보는 학생, 글을 몰라 그림만 보고 1~2분이면 일어나는 학생, 재미있는 그림이나 내용이 보이면 다른 친구에게 달려가 보여 주는 학생, 친구와 책을 바꿔 읽는 학생, 학급문고 앞에서 책을 고르다가 자기 자리에 앉는 것을 잊는 학생, 책을 고르는 척하며 모여서 이야기하는 학생 등 다양한 모습을 보입니다. 아침 독서 분위기는 그날의 수업 태도와 학습 분위기에 영향을 주기 때문에 선생님은 적응기간 내내 조용한 아침 독서 분위기를 만들기 위해 애를 씁니다.

♥ 글을 몰라도 혼자서! 눈으로!

아침 독서를 할 때 선생님은 다른 친구에게 방해가 되지 않도록 혼자서 눈으로 읽으라고 안내합니다. 입학 전 가정에서 책을 읽을 때 소리 내지 않고 혼자 독서하는 연습을 하면 좋습니다. 그림책 한 권을 다 읽을 때까지 앉은 자리에서 엉덩이를 떼지 않고 읽을 수 있고, 독서시간이 10분 이상 된다면 학교에서도 아침 독서에 진지하게 참여할 수 있습니다.

글을 몰라 엄마와 같이 책을 읽는 아이도 학교에 입학하면 혼자 책을 읽어야 합니다. 아이가 아직 글을 모른다면 좋아하는 그림책을 준비해 줍니다. 그림을 보면서 장면의 인과 관계를 생각하고, 인물의 표정과 관련지어 이야기를 연결하는 상상만으로도 아침 독서시간을 즐겁게 보낼 수 있습니다.

04
배경지식이 풍부하게 하려면

● × ÷ ✚

　우리나라는 2015년 인성교육진흥법을 시행하여 세계 최초로 인성교육을 의무화하였습니다. 인성교육의 목적은 자기의 내면을 바르고 건전하게 가꾸고, 타인·공동체·자연과 더불어 살아가는 데 필요한 인간다운 성품과 역량을 기르는 것입니다. 학교는 교과나 창의적 체험활동을 통해 법이 정한 시간 이상의 인성교육을 실시합니다. 인성교육의 핵심 가치와 덕목으로는 예, 효, 정직, 책임, 존중, 배려, 소통, 협동 등 여덟 가지가 있습니다.

♥ 인성동화

　초등학교 저학년 때는 인성교육의 덕목과 관련된 인성동화를 많이 읽으면 좋습니다. 인성동화는 다양한 감정을 이해하고 자신의 감정을 바람직하게 표현하는 방법을 알려줍니다. 또한, 살아가면서 아이가 겪을 만한 여러 가지 감정을 나타내는 낱말을 자연스럽게 익혀, 동화 속의 내용과 비슷한 일을 겪었을 때 말로 어떻게 표현해야 하는지 배울 수 있습니다.

부모들은 유아기 때부터 자녀에게 인성동화를 읽어 줍니다. 입학한 후에는 학습에 관한 책을 읽게 해야 하나 고민입니다. 저학년 때는 자기 감정을 바르게 표현하고 원만한 교우 관계를 맺을 수 있도록 인성 동화를 같이 읽고, 많은 대화를 나누는 것이 좋습니다. 아이는 학교에서 실시하는 인성교육뿐만 아니라 부모와 같이 나눈 대화 속에서 더불어 살아가는 아름다운 성품을 기를 수 있습니다.

♥ 전래동화

아이의 상상력과 창의성을 키우는 데는 전래동화가 좋습니다. 전래동화는 우리가 사는 세계와 다른 사건, 동물을 의인화하여 이야기가 선개되기 때문에 아이의 상상력을 사극하고, 환상의 세계 속에서 정답이 없는 상상의 나래를 펼칠 수 있습니다. 인물이 겪는 문제가 실생활에서 일어날 수 없는 경우가 대부분이기 때문에 주인공이 처한 문제를 해결하는 방법을 창의적으로 생각할 수 있습니다. 남다른 생각으로 해결 방법을 찾으면 칭찬도 받습니다. 아이가 마음껏 상상력을 발휘하고 창의성을 기를 수 있도록 전래동화를 읽힐 것을 권합니다.

전래동화를 통해 인성교육도 할 수도 있습니다. 핵심 덕목인 효와 예절에 관한 이야기가 많고 권선징악의 결말로 이루어져 있어 도덕성을 키울 수 있습니다. 우정, 지혜에 관한 이야기도 풍부하여 문제해결력을 길러 주고, 기승전결이 명확한 이야기가 많아 집중력을 키우기도 쉽습니다. 그 밖에 전래동화를 읽으면 어휘력을 향상시킬 수 있는 장점이 있습니다. 전래동화를 통해 학습한 어휘는 수업시간에 배경지식으로 활용되어 학습에 대한 이해를 높여 줍니다.

물론 일부 전래동화는 아동을 학대하거나 양성평등에 맞지 않는 내용을 담고 있어 비판의 목소리도 있습니다. 비판적인 시각 때문에 전래동화를 등한시하는 것보다 현시대와 맞지 않아 염려되는 장면은 부모가 같이 읽고 대화와 토론으로 올바른 가치관을 형성하도록 돕는 것이 바람직합니다. 전래동화 역시 폭넓게 읽은 후 인물이나 사건을 통해 전달하고자 하는 가치와 덕목을 찾는 데 중점을 두는 것이 좋습니다.

♥ 우화

주로 동물들을 주인공으로 하는 짧은 우화는 삶의 교훈과 처세술을 깨닫게 해 줍니다. 대표적으로 이솝우화가 있습니다. 전래동화처럼 권선징악이나 인과응보의 내용을 담고 있어 착하게 살아야 한다는 삶의 방향성을 제시하고 도덕적인 가치를 가르쳐 줍니다. 짧은 이야기를 통해 단순히 착하게 살아야 한다는 것을 넘어 세상을 살아가는 데 필요한 지식과 지혜를 배울 수 있습니다.

교과서에는 오랫동안 이어져 내려온 우화와 관련된 삽화가 많이 수록되어 있는데, 동기 유발 자료나 상대의 기분과 입장을 헤아려 보는 수업을 할 때 자주 등장합니다. 교과서에 제시된 삽화를 보고 이야기의 제목을 떠올리거나, 전체 이야기를 알고 있어야 대답을 할 수 있는 질문을 받기도 합니다. 우화를 읽은 후 자신이 알고 있는 속담이나 격언, 사자성어와 관련지어 생각과 느낌을 표현하는 활동은 사고력과 표현력을 신장시킬 수 있습니다.

다양한 우화를 통해 상황에 따른 선과 악의 의미를 생각하고 노력석인 딜레마 상황에서 지혜로운 선택은 무엇인지, 정직이 주는 기쁨과 위안을 느끼고 참된 우정과 용기가 무엇인지를 폭넓게 경험하면 좋겠습니다.

05
시간 개념을 갖게 하려면

● × ÷ ＋

　적응기간 지도 시 어려운 일 중 하나는 하던 일을 멈추도록 하는 것입니다. 아이들은 색칠하기나 놀이에 집중하면 선생님의 설명을 못 듣습니다. 들었어도 너무 즐거워 중지하기가 어려운가 봅니다. 그래서 이 시기에 제가 우리 반 아이들에게 자주 하는 말은 "유치원과 학교는 다르다. 원생과 학생은 달라야 한다."입니다. 규칙과 질서를 익히고 준수를 강조할 때, 해야 할 일을 정해진 시간 안에 마쳐야 함을 강조할 때 하는 말입니다. 유치원과 학교, 원생과 학생이 어떻게 다른지 아이들에게 이야기하듯 풀어보겠습니다.

♥ 유치원과 학교는 다르다

　유치원과 학교는 다릅니다. 일단 건물 크기부터 엄청 다르죠. 유치원은 반 수가 햇님반, 달님반, 그리고… (너나 할 것 없이 출신 유치원에 있었던 반을 큰 소리로 외칩니다. 그중 목소리 큰 아이가 외치는 대로 손가락을 접어가며 반 이름을 말해 줍니다) 몇 개 안 되는데 학교는 1학년만 해도 1반, 2반(손가락을 다시 접어가며)… 7개나 됩니다. 6학년까지 있으니 반 수가 무려 42개나 되고 (42라는 수의 양을 짐작할 수 있도록 우리 반 학생 수의 두 배 정도 된다고 이야기해 줍니다. 그러면 아이들은 주변을 둘러보며 "와, 많다!"라고 눈을 동그랗게 뜹니다) 특별실도 많습니다. 그래서 유치원보다 건물이 아주 큽니다. 화장실도 교실 바로 옆에 있지 않습니다. 세 반이나 지나서 가야 하고 출입구부터 우리 교실까지 복도를 한참 걸어야 합니다.

　학교는 건물이 커서 이용하는 사람도 많습니다. 교실마다 우리 반 수만큼 학생들이 있고 선생님이 계십니다. 특별실에도 여러 명의 선생님이 근무합니다. 이렇게 많은 학생과 선생님이 모두 즐겁게 생활하기 위해서는 유치원보다 더 많은 규칙과 질서가 필요합니다. 유치원 반은 친구들이 많아야 열 명 정도 되는데 (그러면 출신 유치원을 떠올려 다섯이라고, 여덟이라고, 누구는 열

세 명이라고 큰 소리로 외치기 시작합니다) 우리 반은 20명이 넘잖아요? ("네, 맞아요. 23명이에요." 하고 씩씩하게 대답합니다) 그래서 모두 안전하고 즐겁게 지내기 위해 우리 반 규칙을 정하고 실천하고 있습니다.

그럼, 학교는 어떨까요? 학교에는 더 많은 규칙이 있겠죠? 그래서 복도에서, 화장실에서, 계단에서, 급식실에서, 도서실에서 등등 각 장소에서 지켜야 할 규칙과 질서를 배우고 익히는 겁니다. (그러면 아이들은 적응기간 동안 익혀야 할 규칙이 왜 이렇게 많은지 이해하겠다는 듯이 고개를 끄덕입니다)

학교와 유치원이 진짜 다른 점은 지금부터야. (하고 존댓말을 사용하지 않고 목소리를 낮춰서 주위를 환기시킵니다) 선생님이 지금 아주 중요한 이야기를 하는 거야. (자세를 고쳐 앉는 학생들이 보입니다)

♥ 원생과 학생은 달라야 한다

학교는 수업시간과 쉬는 시간이 명확하게 구분되어 있어서 수업시간을 잘 지키는 것이 매우 중요합니다. 생각해 보세요. 42개나 되는 반의 수업시간이 다 다르면 어떻게 될 것 같아요? (갸우뚱한 표정입니다. 쉽게 상상되지 않은가 봅니다) 다시 이야기하면 옆 반은 신나게 놀고 있는데 우리 반은 공부하고 있어요. 옆 반은 쉬는 시간이고 우리 반은 수업시간인거죠. 엄청 시끄러운데 공부가 잘될까요? (고개를 가로저으며 "아니요."라고 말합니다) 그렇습니다. 그래서 모든 반이 수업시간과 쉬는 시간을 정해놓고 공부합니다. 옆 반에 피해를 주지 않고 다른 학년에 피해를 주지 않으려면 우리 반이 수업시간을 잘 지켜야 합니다. 수업시간을 지키지 않으면 다른 반이 불편해집니다. 그 반에 미안한 일이죠. 그러니까 우리 반은 수업시간과 쉬는 시간을 잘 지킵시다. (이렇게 말해 주면 아이들은 선생님이 왜 매시간마다 수업 시작과 끝인사를 하는지, 매번 쉬는 시간임을 알려주는지 이해합니다)

학교에서는 배워야 할 내용이 많습니다. 수업시간에 재미있게 한 놀이나 활동은 정해진 시간이 끝나면 할 수 없는 경우가 많습니다. 그래서 원생과 학생은 달라야 합니다. 원생은 하고 싶은 놀이가 있으면 원하는 만큼 계속할 수 있지만, 학생은 하고 싶은 놀이가 있다고 계속할 수 없습니다.

쉬는 시간에 쌓았던 블록을 계속 쌓아 성을 완성하고 싶은데 수업시간이 되면 정리하고 자리에 앉아야 합니다. 수업시간에 너무 즐거운 놀이를 했어도 수업이 끝나면 그 놀이를 다시 할 기회가 없을 수도 있습니다. 왜냐하면 수업시간마다 배우는 내용이 달라서 그 시간이 끝난 후에는 다음 공부를 해야 하기 때문입니다. 예를 들어, 우리 반 아이들이 좋아하는 눈치 게임을 했다고 하자. (다시 한번 말투를 바꿔 주위를 환기시킵니다. "와! 진짜 재미있는데. 우리 눈치 게임해요.") 수학시간에 수 이어 말하기를 눈치 게임으로 공부했어. 너무 재미있어서 다음 시간에 또 하면 정말 좋겠어. 그런데 다음 수학시간에는 수 크기 비교를 공부해야 해. 그러면 눈치 게임은 하고 싶어도 할 수 없는 거야. 수업 내용에 따라 해야 할 일이 매시간마다 다르거든. 그래서 모든 수업시간에 두 번 다시 이와 같은 수업은 없다는 마음으로 어떤 활동을 하든 최선을 다해서 해야 하는 거야. 그것이 즐겁든, 즐겁지 않든! 알았죠?("네." 하고 큰 소리고 대답합니다)

그리고 학교에서는 정해진 시간에 할 일을 끝내야 해요. 42개나 되는 반이 강당도 같이 사용하고, 운동장도 같이 사용해요. 급식실도 같이 써야 해요. 서로 겹치지 않게 부딪히지 않고 사용하려면 어떻게 해야 할까요? ("이용시간을 정해야 해요.") 맞아요. 그래서 우리 반이 강당 갈 수 있는 시간, 운동장 갈 수 있는 시간, 급식실 가야 하는 시간이 이미 정해져 있는 거예요. 우리 반이 가고 싶다고 아무 때나 갈 수 없어요. ("누가 정해요?", "언제 정했는데요?"라고 질문을 쏟아냅니다) 여러분이 입학하기 전에 선생님들은 몇 학년 몇 반이 언제 사용할지 미리 결정하고, 여러분 맞을 준비를 해요. 담당 선생님이 정해서 장소에 따른 이용시간을 각 반에 알려줘요. 그러니까 앞으로 여러분이 아무 때나 강당 가자고 떼를 쓰거나 운동장에서 놀이를 계속하자고 선생님을 졸라도 선생님은 들어줄 수가 없어요. 선생님이 단호하게 안 된다고 할 때 선생님이 자기 말을 안 들어준다고 서운해하면 안 돼요. 알았죠? ("네."하고 우렁차게 대답합니다)

1학년은 원생이 아니라 학생이라는 자부심이 매우 강합니다. 유치원과 학교의 다른 점을 자세히 듣고 시간 안에 활동을 마치는 것이 학교생활에서 얼마나 중요한 일인지를 이해하면 선생님이 설명한 학생처럼 되려고 노력합니다. 학생답게 정해진 시간 안에 해야 할 활동을 성실하게 수행해야 함을 잊지 않도록 여러 번 강조합니다. 혹시 모를 어리광을 부리지 않도록 다짐도 받습니다.

입학 전에 가정에서 블록 쌓기, 그리기, 색칠하기, 책 읽기 등을 할 때 활동시간을 정하고 끝내야 하는 시각을 명확히 해야 합니다. 좋아하는 활동일수록 끝마쳐야 하는 시각을 정해 두고 그 시각이 되면 멈출 수 있어야 합니다. 시계를 볼 수 있다면 "그리기는 30분까지 하자.", 시계를 볼 수 없다면 "긴 바늘이 6에 가면 그만하는 거야!"라고 이야기해 줍니다. 이때 멈추고 다음에 할 일을 미리 정해 놓아야 합니다. 한 자리에서 계속하는 활동보다는 "30분이 되면 일어나서 손 씻자.", "밥 먹는 거야!" 등과 같이 앉아 있던 자리를 벗어나 다른 활동을 하도록 계획하는 것이 좋습니다. 다음 활동을 계획하지 않고 멈추는 시각만 정해 놓으면 하던 일을 중단하기 어렵습니다.

   하기 싫은 활동도 마찬가지로 연습할 수 있습니다. 처음에는 10분 정도 실행하고 성취감을 느끼게 한 뒤, 다음 날 20분, 30분으로 활동시간을 늘려가면 점차 시간 개념도 생기고 10분 단위의 시간이 어느 정도인지 가늠할 수 있게 됩니다.

06
자기조절력을 기르려면

● × ÷ ✛

초등학교 수업은 40분 단위로 운영합니다. 유치원을 갓 졸업한 아이가 40분을 의자에 바르게 앉아 있는 것은 힘듭니다. 그래서 1학년 선생님은 매시간 신체활동과 표현활동을 적절하게 넣어 학생들이 집중력을 잃지 않고 수업에 참여할 수 있도록 다양하게 계획합니다.

♥ 바른 자세가 건강한 몸을 만든다

적응기간에는 바르게 앉기, 서기, 읽기, 쓰기 자세를 집중적으로 익히고 훈련합니다. 이때 가정에서의 생활 습관이 나타납니다.

자기 몸에 맞는 의자에 허리를 바르게 펴고 앉는 습관이 중요합니다. 앉았을 때 발바닥 전체가 바닥에 닿고 무릎이 엉덩이보다 높지 않다면 신체에 맞는 의자입니다.

교실에서 바른 자세를 가르칠 때 허리를 펴고 유지하는 것을 힘들어하는 아이가 있습니다. 주로 좌식 책상을 사용하여 바닥에 앉아 활동한 친구입니다. 활동에 집중하다 보면 등이 구부러지는 것을 의식하지 못하고 머리가 책상 쪽으로 기울어집니다. 이런 자세가 습관이 된 아이는 척추가 이미 말려 있어서 허리를 세우고 자세를 교정하는 데 어려움을 겪습니다.

스마트폰이나 패드로 영상을 많이 시청하는 아이는 거북목이나 일자목으로 경추가 변형되는 것을 주의해야 합니다. 영상은 아이들의 눈과 귀를 쉽게 붙들어 놓습니다. 바른 자세로 시청하도록 신경 써서 지도해야 합니다.

가끔은 좌식 생활이 익숙해서 교실 의자에 앉을 때 다리를 접어 올리는 아이가 있습니다. 본인에게 익숙한 자세이다 보니 무의식중에 하는 행동일 것입니다. 이런 습관을 가진 아이는 급식실에서 식사할 때도 한쪽 다리를 의자에 올리고 식사하는 모습을 보입니다.

의자에 바르게 앉는 것은 아이의 성장과 척추 건강에 영향을 미치는 중요한 습관입니다. 의자에 앉아 책을 읽거나 그림을 그릴 때 허리를 곧게 펴도록 합니다. 가정에서 의자에 바르게 앉아 활동하는 아이가 교실에서도 바른 자세로 수업에 참여합니다.

♥ 가벼운 엉덩이! 자유로운 몸!

　수업 중 자리에 앉아 있지 못하고 하고 싶은 말이 있을 때 선생님 앞으로 불쑥 나오는 아이가 있습니다. 손을 번쩍 든 채로 나오기도 하고, 책상을 비집고 나오는 동시에 하고 싶은 말을 내뱉기도 합니다. 적극적인 자세는 좋지만 수업 진행에 방해가 되기도 합니다. 모방성이 강한 1학년은 누군가 선두로 일어서서 나오기 시작하면 서너 명이 함께 움직입니다. 선생님은 수업을 멈추고 자리를 정돈한 후 다시 수업을 진행하는 데 애를 먹습니다.

　가벼운 엉덩이가 장점이 되는 경우는 신체 표현을 할 때입니다. 노래를 익힌 후 따로 신체 표현을 계획하지 않아도 반주가 나오면 스스로 일어나 흥에 겨워 몸을 움직입니다. 이때 같이 흥을 느끼는 친구들이 시범 조가 되어 흥겨운 분위기를 유도합니다. 본인이 느끼는 대로 때로는 가사의 내용에 알맞게 표현합니다. "모두 다 같이 해 보자."라는 선생님의 응원에 부끄러워서 앉아만 있던 아이들도 일어서서 신체 표현에 합류하게 됩니다. 이때도 질서가 필요한데, 가끔은 교실 잎을 지나치게 점령하여 흥분을 진정시켜야 하는 경우도 있습니다.

　선생님은 교실 안에서 이런 아이들의 에너지를 어떻게 효과적으로 활용할지 고민합니다. 바른 자세만큼이나 바르게 앉아 있는 시간도 중요합니다. 조금씩 시간을 늘려 연습하면서 건강도 지키고, 아이의 흥이 모두에게 즐거움이 될 수 있도록 자기조절력을 키워 나가면 좋겠습니다.

07
집중력을 높이려면

정리·정돈하는 습관은 중요한 기본 학습 훈련 중 하나입니다. 교실의 정리·정돈 범위는 필통부터 책상, 사물함까지 개인 영역을 기본으로 자기 자리 주변이나 1인 1역 맡은 부분에 이르기까지 공동생활을 위한 영역으로 확장됩니다.

♥ 집중력을 높이려면 주변 정리부터

적응기간에 수업 준비는 책상 위 정리부터 시작합니다. 책상 위에 수업과 관련 없는 물건이 있는지 확인하고 바른 자세로 앉아야 수업 준비가 된 것입니다. 책상 위가 정리되지 않으면 한 시간 내내 올려져 있는 물건을 만지느라 수업에 집중하지 못합니다. 풀이나 가위 등의 물건을 사용한 후에는 반드시 사물함에 넣어 눈에 보이지 않게, 손에 닿지 않게 해야 수업 집중력을 높일 수 있습니다.

개인 영역을 정리·정돈하지 못하면 수업이 지연되거나 중단되기도 합니다. 쉬는 시간에 색종이 접기를 하다가 수업시간이 되면 허둥지둥 색종이를 책상 속으로 구겨 넣습니다. 책상 위의 물건을 쓸어서 한꺼번에 가방 속으로 넣기도 합니다. 필통 속에 작은 종이 쓰레기와 스티커가 뒤섞여 있는 아이, 지난 시간에 나눠 준 활동지 찾겠다고 서랍 속을 헤집고 있는 아이, "색연필이 어디 있지?"하면서 사물함의 모든 물건을 교실 바닥에 꺼내 놓는 아이 등은 대부분 정리 습관이 형성되어 있지 않아 노력이 필요한 경우입니다.

♥ 가정에서 연습해야 하는 정리 습관

정리·정돈하는 습관을 기르기 위해서는 물건의 위치를 약속하는 것부터 시작해야 합니다. 가정에서는 가족이 함께 사용하는 공용 물건의 위치와 개인이 사용하는 물건의 위치를 구분합니다. 아이가 사용하는 물건은 아이의 손이 닿을 만한 곳으로 정해 줘야 좋습니다. 물건의 위치를 익혔다면 실전 연습이 필요합니다. 교실 장면을 생각했을 때 입학 전에 가정에서 연습하면 좋을 정리·정돈 내용을 안내합니다.

　책 읽기를 할 때 읽고 싶은 책을 여러 권 한꺼번에 꺼냅니다. 책을 다 읽으면 큰 책은 아래로, 작은 책은 위로 올려 순서대로 정리하거나 가로와 세로의 길이에 맞게 포갭니다. 책장으로 가서 원래 위치에 눕히지 않고 세워 끼웁니다. 책꽂이에 책이 기울어져 있다면 기울어진 책들을 한 손으로 세운 후 다른 한 손으로 빈 틈 사이에 책을 넣습니다. 실제 학급문고를 정리할 때 교실에서는 이 단계를 반복훈련합니다.

　색칠이나 그림 그리기 활동을 할 때는 필요한 도구만 꺼내고 나머지는 책상에 두지 않습니다. 활동을 잠시 중지하고 일어설 때는 사용하고 있던 사인펜의 뚜껑을 닫고 일어서는 습관을 가져야 합니다. 사인펜을 들고 친구에게 가면 의도치 않게 친구 옷에 사인펜을 묻힐 수 있습니다. 색연필이나 사인펜은 친구가 책상을 건드렸을 때 굴러가지 않도록 활동지 사이에 끼워 놓거나 케이스에 넣습니다. 만들기를 할 때 풀을 사용한다면 뚜껑은 굴러가지 않게 세워 둡니다. 풀칠을 하는 중에 자리에서 일어설 때는 반드시 뚜껑 덮는 습관을 갖도록 합니다.

활동을 마치면 주변 정리는 책상 위부터 바닥까지 스스로 해야 합니다. 사용한 풀과 가위는 제자리에 넣고 책상 위에 보이지 않도록 합니다. 아이가 작품을 자랑할 때 책상을 전시대로 활용하여 작품을 돋보이게 하려면 책상 위가 깨끗해야 함을 이야기해 줍니다.

♥ 영역 표시를 하면 친구가 멀어진다

정리·정돈 습관은 교우 관계에도 영향을 줍니다. 자기 물건으로 영역 표시를 하는 친구들은 보통 책상 위에 전 시간의 교과서와 현 시간의 교과서가 모두 올려져 있습니다. 부피가 큰 필통을 펼쳐진 상태로 두거나 사용했던 가위나 풀도 그대로 놓여 있습니다. 이 모든 것이 한 책상에 있어 짝의 책상까지 물건이 넘어갈 수밖에 없습니다. 바닥이라고 다르지 않습니다. 현 시간의 교과서가 책상 위에 있다면 바닥에는 쉬는 시간에 사용했던 종합장이나 색칠 도구가 널브러져 있습니다.

아이들은 저마다 생활 습관과 성격이 다릅니다. 깔끔한 친구는 개인 영역을 정리하지 않는 친구와 짝이 되는 것을 불편해합니다. 주변에 자신이 버리지 않는 쓰레기가 있고 친구의 물건이 내 책상으로 자꾸 넘어오면 자기 영역을 지키려고 큰 소리를 내기도 합니다. 갈등의 빈도를 조금이라도 줄여 보고자 친절한 짝을 만나게 해 주지만, 짝의 친절도 오래 가지 못합니다. 성격이 좋은 짝은 최선을 다해서 도와주고 살펴 주지만 자리를 바꿀 때쯤에는 그동안 힘들었다고 선생님에게 다가와 마음속 이야기를 합니다.

정리·정돈 습관이 갖춰지지 않은 아이는 스스로 주변을 살피는 능력이 부족한 경우가 많습니다. 선생님의 지시가 있을 때까지는 상황을 인식하지 못하기 때문에 도움이나 조정이 필요합니다. 학습에는 적극적인데 정리에는 소극적인 아이도 있습니다. 가정에서 항상 누군가가 챙겨 주거나 대신해 준 경험이 많으면 학교에서도 누군가의 도움을 받으려고 합니다. 자기 일을 스스로 잘하는 아이가 친구에게 인정받고 교우 관계도 원만합니다.

♥ 정리가 끝나야 진짜 끝!

해야 할 활동에 대해 설명한 지 얼마 안 되어 선생님이 예상한 시간보다 일찍 다 했다고 제출하는 친구가 있습니다. 수행 속도는 빠르지만 완성도가 아쉬운 아이로 대부분 경쟁심이 강하거나 성격이 급합니다. 이해력과 문제해결력은 좋지만 섬세함이 아쉽습니다. 선생님은 작품을 확인하지 않고 아이의 자리를 먼저 확인합니다. 사용한 물품이나 도구가 책상 위에 그대로 남아 있거나 바닥에 활동한 흔적이 있으면 아직 안 끝났다고 이야기합니다. 정리가 끝나야 진짜 끝난 것이라고 말합니다. 성격이 급한 아이는 대부분 행동이 민첩하여 후다닥 정리를 마치고 작품을 제출합니다. 선생님이 수행 속도보다 정리·정돈 상태를 몇 번 칭찬하면 습관이 빠르게 개선됩니다. 아이가 정리하는 습관이 부족하다면 결과보다 활동을 마무리하는 솜씨를 칭찬해 보길 권합니다.

08
책임감을 키우려면

대부분 유아는 안전을 위해 엄마의 시야에서 벗어나지 않게 한 공간에서 활동합니다.

그러나 공간을 쓸모에 따라 나누면 면적의 넓고 좁음과 관계없이 일에 대한 집중력과 효율성을 높여 주기 때문에 입학 전후에 집 안에서 놀이 공간과 학습 공간을 구분해 주면 좋습니다.

공부방과 놀이방이 따로 있으면 좋지만 상황이 여의치 않다면 한 공간을 구분하여 사용할 수 있습니다. 거실과 부엌이 벽 없이 구분되는 것처럼 거실도 오락 기능을 하는 곳과 학습을 위한 곳으로 구분하는 것입니다. 매트나 카펫으로도 쉽게 공간을 구분하여 활동할 수 있고 파티션을 이용할 수도 있습니다.

이때 주의할 점은 공간은 분리하되 소통은 할 수 있게 해야 한다는 것입니다. 이 시기의 아이들은 독립된 공간에 혼자 있는 것을 두려워하기도 하고, 부모님이 보이는 곳에 있어야 심리적인 안정감을 갖습니다. 부모님 역시 아이가 눈에 보여야 안심될 것입니다.

♥ 나는 학생! 동생은 원생!

동생이 있다면 더욱 적극적으로 공간을 분리해야 합니다. 동생과 같이 활동할 때와 혼자 활동할 때, 좌식 테이블을 사용할 때와 책상에 앉아서 활동할 때 아이의 마음가짐이 달라지도록 해 주는 것입니다. 가정에서 공간 분리를 통해 원생과 다르게 학생이라는 특권을 누리게 해 주면 자신은 동생과 달라야 한다는 것을 스스로 느끼게 됩니다.

동생이 언니나 형의 책상을 사용할 때는 허락을 받도록 해야 합니다. 학습을 위한 공간에 있을 때는 방해하지 않는 규칙을 정해 놓으면 좋습니다.

학생을 상담할 때 들어보면, 1학년은 동생에 대한 스트레스가 가장 많습니다. 동생을 잘 챙겨 주고 재미있게 놀아 주기도 하지만, 방해받는 빈도가 높고 양보도 해야 하기 때문입니다. 동생이 제출해야 할 회신서나 과제를 찢어버리거나 망가뜨렸을 때 아이는 등교하자마자 울먹이며 동생 이야기를 합니다. 소중히 가방에 넣어 둔 것을 동생이 만졌다는 이야기를 하면서 속상해하면 선생님은 충분히 공감하고 위로해 줍니다. 놀이 공간과 학습 공간을 구분하고, 집 안에서 형제자매 간의 공간 사용규칙이 있어야 다툼을 줄일 수 있습니다.

♥ 나만의 공간으로 주도성을 키우자

효율적인 공간 활용으로 주도성을 키우기 위해서는 가족 간의 약속과 실천이 중요합니다. 하교 후 책가방을 두는 자리를 분명히 하고 부모님의 확인을 받아야 하는 각종 안내장 등을 놓아 두는 위치를 정해야 합니다. 책가방은 학습을 위한 공간이나 현관 근처로 정하고, 안내장 등은 부모님 화장대를 추천합니다. 그래야 부모가 늦게 귀가해도 잊지 않고 확인할 수 있습니다.

공간을 분리하고 약속하면 자신의 물건을 간수하고 주변을 정리·정돈하는 데 정성을 들이는 모습을 보이기도 합니다. 자신의 영역이 분명하면 책임을 갖고 해당 공간을 관리하므로 부모의 잔소리가 줄어듭니다. 공간 분리는 학습에 대한 집중력뿐만 아니라 책임감과 주도성을 신장시켜 줍니다.

학생편

B. 생활 습관 세우기

1학년 때 형성된 습관은 초등 학교 6년 동안 학교생활에 영향을 줍니다. 잘못 들인 습관을 고치려면 3주 이상의 시간이 필요하다고 전문가들은 말합니다. 적응기간은 학습 습관을 형성할 수 있는 매우 좋은 시기이므로 부모가 관심을 가지고 자녀와 함께하는 것이 필요합니다.

01
정해진 시간에 등교하려면

일반적으로 1교시는 9시에 시작합니다. 그러나 아이가 9시에 딱 맞춰 등교한다면 학교생활에 불편함을 느낄 수 있습니다. 선생님이 하루 일정을 소개하고 안내하는 조회는 수업 전에 이루어집니다. 아침 방송을 하는 학교는 일주일에 한두 번씩 8시 50분에 방송을 시작합니다. 학부모 독서회에서 책을 읽어 주는 요일에는 8시 40분에 자리에 앉아 있어야 합니다. 그래서 8시 40분에서 50분 사이에 대부분 등교를 마칩니다.

적응기간에 늦게 오는 학생이 있으면 선생님은 날씨가 쌀쌀해도 뒷문을 열어 둔 채로 조회나 1교시를 시작합니다. 우당탕탕 자신의 뒤늦은 등교를 모두에게 알리면서 들어오는 아이가 있고, 뒷문을 열어 놨는데도 불구하고 복도에서 서성거리며 선생님이 자기를 불러줄 때까지 기다리는 아이도 있습니다.

이와 관련된 한 장면이 떠오릅니다. 친구들의 관심이 자신에게 집중되는 것을 어색해하고 부끄러워하는 아이였습니다. 적응기간이 아닌 10월임에도 교실 안으로 들어오지 못하고 뒷문 쪽에서 울고 있습니다. 왜 울고 있냐고 물어보니 친구들이 보니까 부끄러워서 못 들어가겠다고 대답합니다. 심하게 내성적인 아이라면 늦은 이유가 무엇이든 간에 당장 주목되는 친구들의 눈길이 부끄럽고 부담스러워서 지각하는 상황 자체를 두려워하게 됩니다.

♥ 등교시간에 맞춰 일어나기

입학하기 전에 기상시간을 정해 규칙적으로 일어나는 습관을 갖도록 노력해야 합니다. 이를 위해서 입학 3주 전에는 아이가 일어나서 씻은 후 아침 먹고 양치하는 동안 시간이 얼마나 걸리는지 점검해 봐야 합니다. 점검시간을 기준으로 일어나는 시간을 정해서 제시간에 일어나도록 연습해야 학교에 늦지 않게 등교할 수 있습니다.

♥ 아침 기분이 하루를 좌우한다

아이를 잠에서 깨울 때는 부모가 따뜻한 손길과 다정한 음성으로 직접 깨워 주는 것이 좋습니다. 주도적이고 자주적인 아이는 알람을 설정해 놓고 혼자 일어날 수도 있습니다. 아이의 성장 속도에 맞춰 조절하면 됩니다.

기분 좋게 일어난 아이가 활기찬 아침을 맞이합니다. 가정에서 등교 전에 무슨 일이 있었냐에 따라 아이의 학교생활 컨디션이 달라집니다. 잘 지내던 아이가 어느 날 무기력한 모습을 보이거나 친구들과 소소한 다툼이 잦으면 선생님은 등교 전에 집에서 무슨 일이 있었는지 묻습니다. 늦잠을 자서, 동생과 싸워서, 아침밥 먹느라, 입을 옷 때문에 등 다양한 이유로 엄마에게 혼나고 등교하면 학교생활에 감정이 반영됩니다.

유난히 기분 좋은 아침을 보내고 등교한 아이는 선생님에게 인사할 때 자신의 기분을 숨기지 못합니다. 아침에 자신이 좋아하는 반찬을 먹었다, 오후에 엄마가 맛있는 것을 사 주시기로 했다, 저녁에 캠핑을 간다는 등 소소한 기쁨부터 가정의 대소사를 묻지 않아도 활기차게 이야기합니다. 친구들에게도 먼저 다가가 말을 걸고 수업시간에도 적극적으로 손을 듭니다.

등교 전의 기분이 그날 학교생활을 좌우합니다. 기분 좋게 등교한 아이는 선생님 말씀도 잘 듣습니다. 부모는 등교 전 가정 분위기가 학교생활에 영향을 미친다는 것을 알고 자녀가 기분 좋은 상태로 등교하도록 매일 신경 써야 합니다.

02
등교 복장이 고민이라면

● × ÷ ✚

　등교할 때 입을 옷을 전날 미리 준비해 두면 다음 날 등교 준비하는 시간을 줄일 수 있습니다. 아침에 기분이 변해서 다른 옷으로 바꿀 수 있지만 기본적인 준비는 전날 자기 전에 해 두면 좋습니다. 옷차림으로 개성을 드러낼 수도 있지만 등교복은 활동하기 쉽고 아이가 스스로 입고 벗을 수 있는 옷으로 준비하길 권합니다.
　학교 선생님은 유치원 선생님처럼 옷을 입혀 주거나 머리를 묶어 주지 않습니다. 그러나 적응기간 1학년 교실에서는 선생님이 교육이 아닌 돌봄을 해야 하는 경우가 종종 있습니다. 활동 중이나 후에 옷차림이 흐트러졌을 때 도움을 주고 긴 머리가 활동에 방해가 될 때는 묶어 주기도 합니다. 선생님의 손길이 닿는 경우를 떠올려 보겠습니다.

♥ 부끄러움이 없게

   1학년은 집중력이 짧아서 주의를 환기하는 신체활동을 즐겨합니다. 소근육을 발달시키고 신체 조절력을 향상시키기 위해 다양한 표현활동과 놀이를 합니다. 바닥에서 하는 활동도 많이 하는데 가끔 보는 사람이 부끄러울 때가 있습니다.
   일반적으로 아이의 옷을 살 때 크게 한 계절, 딱 맞게 한 계절, 짧게 한 계절로 총 세 계절을 생각하고 구매합니다. 고무줄 바지나 허리를 단추로 조절하는 바지를 입을 때는 아이의 신체에 맞게 적절하게 조절해 줘야 합니다. 너무 느슨하면 활동할 때 바지가 내려가 속옷이나 엉덩이골이 살짝 보입니다.

   무용시간입니다. 상의가 짧은 옷을 입고 무용수업에 참여하면 허리를 숙이거나 손을 높게 들어 올렸을 때 배꼽이 보입니다. 수업에 집중하는 아이들은 무용 선생님의 동작을 따라 하느라 친구의 속살이나 속옷을 보지 못합니다. 하지만 친구들에게 관심이 많은 아이는 보이는 장면을 큰 소리로 말해시 이목을 집중시킵니다. 노련한 선생님은 집중받은 아이가 상처받지 않도록 동작을 아주 크게 잘하면 그럴 수 있다고 말해 줍니다. 배꼽이 보이면 열심히 수업에 참여하고 있다는 거라고 칭찬합니다. 또는 속살이 보이는 것이 아무 일 아닌 듯 별다른 반응을 하지 않고 친구들의 관심이 다른 동작으로 옮겨가도록 아이들의 시선을 선생님에게 끌어 모아 수업을 진행합니다.

수업이 끝나면 옷이 불편했던 아이가 괜찮은지 대화로 마음을 살핍니다. 친구의 배꼽을 화젯거리로 삼은 아이에게는 상대에 대한 배려를 가르칩니다. 하의가 쪼인다면 상의는 길게, 상의가 짧다면 하의는 넉넉하게 입어서 편하게 활동할 수 있도록 합니다.

♥ 지퍼나 끈 달린 옷을 입을 때는

지퍼 달린 옷은 단추가 달린 옷보다 탈착이 편합니다. 지퍼는 언제 올려야 좋은지 생각하고 어디까지 올리는 것이 편한지 느껴본 후 옷 입는 연습을 해야 합니다. 점퍼의 지퍼를 잠그고 등교했을 때 기본 체온이 높은 아이들은 신체활동을 조금만 해도 더워서 벗으려고 합니다. 지퍼를 끝까지 내리기도 전에 벗으려고 하다 보면 지퍼에 옷이 쉽게 물립니다. 옷차림에 있어 선생님의 손길이 가장 많이 가는 경우입니다. 옷이 지퍼에 물리지 않게 천천히 끝까지 내린 후 점퍼를 벗는 연습이 필요합니다.

끈이 달린 옷도 선생님의 손이 자주 갑니다. 장식으로 달린 끈은 활동하는 데 지장이 없지만, 끈을 몸에 고정해야 하는 옷은 주의가 필요합니다. 아이들은 스스로 옷이 흘러내리는 것을 의식하지 못하는 경우가 많습니다. 선생님이 흘러내린 옷을 발견하면 바로 묶어 주지만 흘러내린 채로 화장실을 다녀오는 아이도 있습니다. 특히, 뒤에서 묶는 끈은 더욱 본인이 알기 어렵고 끈이 풀리면 문이나 틈새 등에 끼어서 안전사고의 위험이 있습니다. 따라서 등교복으로 끈 달린 옷을 고를 때는 주의가 필요합니다.

♥ 엘사 옷은 불편해요

선생님은 알림장을 통해 다음 날 해야 할 활동 내용을 미리 안내하고 놀이나 신체활동이 계획된 날은 간편복을 입고 오라고 알려줍니다.

어느 날 한 아이가 긴치마를 입고 등교했습니다. 니트로 된 소재여서 신축성이 좋아 일상생활을 하는 데는 큰 불편함이 없을 것 같습니다. 아이는 엄마랑 커플룩이라고 아침에 등교하자마자 선생님에게 자랑했습니다. 하지만 그날은 바닥에서 하는 신체활동을 하는 날입니다. 아이는 치마를 들어 올려 이리저리 편한 자세를 탐색하더니 결국 무릎을 꿇고 앉았습니다.

엘사가 그려진 공주 옷을 입고 온 아이도 마찬가지입니다. 나풀거리는 치맛단이 계속 거슬려서 품에 안았다가 엉덩이 뒤로 보내기를 반복합니다. 치맛단이 책상에 걸리기도 하고 바닥을 쓸기도 합니다. 특히, 망으로 된 치마는 정전기를 일으켜 주변의 물건이 옷에 붙거나 끼이게 됩니다. 학교생활에 가장 주의가 필요한 옷입니다. 알림장에 간편복이라고 기록되어 있다면 치마를 입고 등교하지 말라는 뜻입니다.

♥ 신발은 혼자 신어야 해요

신발은 발을 보호하고 활동을 편하게 해 줍니다. 학교에서 신발을 갈아 신을 일이 많지 않지만, 스스로 신발을 신을 수 없는 아이는 친구들과 선생님을 기다리게 합니다. 친구들이 재촉하니 마음이 다급해져 대충 구겨 신고 뛰어나오는 모습을 보면 넘어질까 걱정이 됩니다. 신발을 못 신겠다고 선생님을 부르는 아이도 있습니다. 번거롭지만 출입구까지 되돌아가서 묶어 줍니다.

끈으로 묶거나 장식이 많은 신발은 권하지 않습니다. 쉽게 신고 벗을 수 있도록 끈을 느슨하게 묶으면 자주 풀려서 선생님의 손이 많이 갑니다. 소근육이 발달되지 않은 아이가 신발 끈을 스스로 묶는 것은 힘든 일입니다. 구두든 운동화든 아이가 스스로 신고 벗기 편하도록 찍찍이로 된 신발이 좋습니다.

03
아침밥을 먹지 않으면

● × ÷ ✚

우리가 의식하지 못하지만 잠을 자는 동안 우리의 몸은 성장과 회복을 위해 많은 에너지를 사용합니다. 아침밥은 밤사이 소모된 에너지를 보충하고, 턱관절 움직임을 통해 뇌를 활성화시킵니다. 규칙적으로 아침밥을 먹는 것은 건강하게 하루를 시작하는 중요한 일입니다.

♥ 1교시 후에 가장 많이 하는 말

학교에서는 간식을 제공하지 않습니다. 아침을 굶고 등교하면 점심 급식시간까지 공복 상태로 보내야 합니다. 중간 놀이시간에 우유 급식을 신청한 학생은 우유를 마시지만, 코로나19 이후 학부모 설문 결과에 따라 우유 급식을 중단한 학교가 많습니다.

아침밥을 조금 먹었거나 굶고 등교하면 1교시만 지나도 아이들은 배가 고프다고 말합니다. 한 명이 배고프다고 하면 여기저기서 허기진 배를 붙잡고 어리광을 부립니다. 선생님도 배고프지만 참고 있다고, 조금만 기다리자고 대답하고는 아이들이 집중할 수 있는 다른 활동으로 분위기를 전환시킵니다.

♥ 학교에는 간식을 먹을 장소가 없다

간혹 아이가 아침밥을 못 먹었다고 간식을 챙겨서 보내는 경우가 있습니다. 이럴 때 선생님은 다른 친구들을 생각해서 교실이 아닌 다른 공간에서 간식을 먹게 합니다. 1학년 선생님은 쉬는 시간에도 생활 지도를 위해 교실을 벗어나지 않습니다. 선생님은 교실을 비울 수 없고, 아이 혼자 먹게 할 수도 없으므로 교감실로 보낼 확률이 높습니다. 보통 4교시 후에 1학년 급식이 시작되는데 학교 사정에 따라 3교시 후에 먹기도 합니다. 중간에 간식을 먹은 아이는 배부른 상태에서 급식시간이 되어 점심을 제대로 먹지 않습니다.

따라서 아침밥을 굶었다고 간식을 챙겨 주기보다 점심을 맛있게 먹으라고 하는 것이 좋습니다.

04
급식시간을 연습하려면

● × ÷ ＋

　1학년 급식은 입학한 다음 날 바로 시작합니다. 학교 규모와 여건에 따라 급식실을 이용하거나 교실 배식을 합니다. 급식 첫날 1학년 선생님은 학생들과 같이 식사하기가 어렵습니다. 식판을 드는 것부터 먹은 후 처리까지 한 명씩 지도해야 해서 같이 식사할 짬이 나지 않습니다. 첫날은 아이들을 모두 하교시킨 후에 점심을 먹는 것이 관례가 되었습니다. 원활한 배식을 위해 교실에서 급식교육을 하고, 급식실에서 배식받는 연습을 합니다. 하지만 급식실 이용이 처음이라 행동이 더디고 시간이 오래 걸립니다. 아이들은 먹는 일에도 집중하기 힘듭니다. 음식을 입에 넣고 씹지 않은 채 한참 동안 주변을 살핍니다. 낯선 식탁과 의자 때문에 바르게 앉는 것을 힘들어합니다. 교사가 급식실을 돌면서 어서 먹자고, 이제 씹으라고 수시로 다가가서 이야기해 주어야 정해진 시간 안에 급식을 마칠 수 있습니다. 원활한 학교 급식을 위해 입학 전에 집에서 연습하면 도움이 될 만한 내용을 안내합니다.

♥ 어른 수저로 밥 먹기

급식실에는 아동용 식기가 없습니다. 병설 유치원이 있는 학교는 유치원생을 위한 식기류가 있지만, 유치원생의 급식시간에 맞춰 제공됩니다. 학생 급식이 시작되면 식기가 교체됩니다. 어른 숟가락과 젓가락을 사용해야 하므로 입학 전부터 가정에서 일반 수저로 밥 먹는 연습을 해야 합니다. 연습하지 않고 입학하면 서툰 젓가락질 때문에 숟가락과 손가락을 동시에 사용할 수 있습니다. 식사 시 사용했던 손가락을 입에 넣거나 옷에 비벼서 주변 친구들에게 불쾌감을 주기도 합니다. 젓가락질이 서툴다면 숟가락과 젓가락을 동시에 사용하는 방법도 있으므로 아이의 성장 속도에 맞춰 입학 전에 연습하도록 합니다.

♥ 식판 들고 이동하는 연습하기

아이들은 유치원이나 어린이집을 다닐 때 이미 식판을 경험했을 것입니다. 가정에서 식판을 사용하여 아이의 상차림을 하는 경우도 많습니다. 하지만 식판을 사용해 본 경험에 비해 식판을 들고 이동을 해 본 경험은 적습니다. 학교에서 사용하는 식판은 유아용 식판보다 무겁고 부피도 큽니다. 입학 전에 집에서 일반 식판 크기의 쟁반을 이용하여 이동하는 연습을 해 볼 것을 권합니다.

과일을 먹을 때 과일 접시를 일반 식판과 크기가 비슷한 쟁반에 놓습니다. 포크를 가족 수만큼 준비하여 식탁에서 거실까지 아이가 운반하도록 합니다. 이때  포크 2~3개를 한 손에 쥐고, 포크 쥔 손으로 쟁반도 잡아야 합니다. 숟가락과 젓가락을 받고 식판도 들어야 하는 상황을 연습하는 것입니다. 쟁반의 양쪽을 잡을 때는 한가운데를 잡고 모든 손가락을 다 써서 안정감 있게 쟁반을 들도록 합니다. 이때 중요한 것은 시선입니다. 아이들은 음식을 쏟을까봐 시선을 식판에 고정한 채 아주 조심조심 걷는데, 익숙해지면 이동 방향을 향해 고개를 들도록 합니다. 음식을 먹은 후에는 싱크대에 식기를 가지런히, 소리 나지 않게 넣는 연습을 합니다. 동선이 짧더라고 식탁에서 거실로, 거실에서 부엌으로 음식과 식기 나르는 연습을 하면 급식실에서도 식판을 능숙하게 사용할 수 있습니다.

♥ 식사시간 조정하기

학교는 어떤 활동을 하든 시간이 정해져 있습니다. 급식도 마찬가지입니다. 급식실에서 먹든 교실에서 먹든 정해진 시간 안에 급식을 마쳐야 합니다. 개인의 상황이나 컨디션에 따라 급식시간이 조절되지 않습니다. 급식실을 이용한다면 학년 이용시간 안에 배식을 받아야 다음 학년에 피해가 가지 않습니다. 급식실은 학년과 학급의 자리가 지정되어 있는데, 다른 학년 배식이 시작될 때까지 다 먹지 못한 아이는 지정 좌석 외 여유 좌석으로 식사 중간에 이동해야 합니다.

정해진 시간 안에 급식을 마치려면 배식부터 음식을 다 먹을 때까지 식사에 집중해야 합니다. 밥 먹는 것에만 집중하도록 하는 것이 얼마나 어려운 일인지 부모님이 더 잘 아실 겁니다. 한 학년의 급식실 이용시간은 20분 이내입니다. 20분은 배식 및 퇴실시간까지 포함하므로 실제 식사시간은 15분을 넘기지 않도록 해야 합니다. 입학 전에 가정에서 식사하는 시간을 15분으로 정해 놓고 정해진 시간 안에 식사를 마치는 연습을 하면 좋겠습니다.

05
친구를 빨리 사귀려면

● × ÷ ✛

　인사는 친밀감을 형성합니다. 아침에 선생님과 눈 맞춤을 하고 인사한 아이는 선생님에 대한 경계심을 빨리 풉니다. 웃는 얼굴로 인사하고 짧은 대화를 주고받는 과정에서 선생님에 대한 긴장감이 다소 해소되기 때문입니다. 아이는 긴장감이 사라지면 선생님에게 궁금한 것을 망설임 없이 이야기하게 됩니다.

　선생님은 인사하는 몸짓이나 목소리로 아이의 컨디션을 파악합니다. 건강 상태가 어떤지 묻거나 뻐친 머리를 보고 간밤에 잠을 잘 잤는지도 확인합니다. 등굣길에 아이의 기분이 상해 있다면 간단한 대화로 심리적인 회복을 돕기도 합니다. 그래서 아침 인사가 중요합니다.

♥ 첫 인사! 첫 칭찬!

　학생에 대한 첫인상은 입학식 다음 날 등교 인사에서 결정됩니다. 물론 학생이 입학식에서 남다른 행동으로 눈길을 끈 경우는 제외입니다. 선생님이 학생 한 명, 한 명의 얼굴을 익히고 목소리를 듣는 것은 입학식 다음 날 정교하게 이루어집니다.

　선생님은 신발장에 신발을 넣도록 지도하고 자기 자리를 찾지 못하는 아이를 안내합니다. 이때 선생님은 밝은 얼굴로 씩씩하게 인사하는 친구의 이름을 가장 먼저 기억합니다. 선생님은 아이들에게 학교가 즐거운 곳, 오고 싶은 곳으로 만들기 위해 첫날부터 칭찬할 거리를 찾습니다. 첫날, 첫 번째 칭찬은 큰 소리로 예의 바르게 인사한 아이가 받게 될 가능성이 큽니다.

♥ 친구를 사귀는 빠른 방법

　적극적으로 인사하는 습관은 교우 관계에도 도움을 줍니다. 인사를 잘하는 아이가 친구들을 더 빨리 사귑니다. 먼저 인사하는 친구의 이름을 더 쉽게 기억하고 친밀감을 느끼기 때문입니다. 인사는 학기 초 학급 구성원으로서 자신의 존재감을 드러내고 친구들로부터 인정받을 수 있는 가장 쉬운 방법입니다.

아이가 누군가를 만나거나 헤어질 때 자연스럽게 인사하는 습관을 갖게 하려면 부모가 모범을 보여야 합니다. 낯설고 서툴지만 가까운 이웃과 반갑게 인사하는 것부터 시작해 보길 권합니다.

06
위생적으로 관리하려면

● × ÷ ✚

구강 위생은 기초적인 건강관리입니다. 구강 관리를 소홀히 하면 각종 구강 및 치주 질환이 발생하고, 입속 세균과 이물질로 인해 폐렴에 걸리기 쉽습니다. 학교는 구강위생교육을 통해 바른 양치질을 익혀 급식 후 양치하도록 교육합니다.

♥ **감염병 때문에**

감염병 유행 시기에 한동안 학교에서 양치하는 것이 중지되었습니다. 감염병 상황이 나아지면서 완화된 학교 방역지침에 의해 학교는 자율권을 갖게 되었고, 양치에 대한 문제는 구성원의 협의를 통해 결정하도록 하였습니다.

어느 날 학교로 민원 전화가 왔습니다. 인근 학교는 학교에서 양치를 할 수 있다는데 우리 학교는 아직 허용하지 않는 것에 관한 문의였습니다. 학교는 인근 학교의 실태 파악에 나섰습니다. 우리 학교와 시설면에서 어떻게 다른지, 세면대 관리 및 소독에 문제는 없는지, 양치를 하도록 허락했을 때 학생들 스스로 거리두기 및 질서 유지가 가능한지 등을 다방면으로 점검하여 협의하였습니다. 기본 방역지침을 준수하면서 학생들이 이를 닦으려면 수도꼭지 1개당 이용 가능한 학생은 1명, 한 학생이 양치하는 데 걸리는 시간은 3분, 양치 후 주변 소독하기, 거리 유지하면서 다음 학생 대기하기 등을 반복해야 합니다. 주변 학교에 비해 규모가 큰 우리 학교는 점심시간이 끝날 때까지 모든 학생이 양치를 완료하기 불가능하다는 결론을 내렸습니다. 꼭 이를 닦고 싶으면 가글 정도는 허락하기로 했습니다.

식사 후 양치하는 것은 건강과 관련된 중요한 기본 생활 습관인데 감염병이 유행하면 학교에서 지도할 수 없습니다. 감염병 상황이 종식되거나 방역지침이 완화되어야 학교에서 양치를 할 수 있습니다.

♥ 양치컵 관리는 어떻게

　학교에서 양치를 할 수 있게 되면 선생님은 개인 준비물 목록에 양치컵 세트를 포함시킵니다. 이때 마트에서 산 포장 상태 그대로 가져오면 곤란합니다. 미리 세척하고 말려서 가져와야 위생적으로 사용할 수 있습니다. 컵은 떨어뜨려도 쉽게 깨지지 않는 것으로 준비합니다.
　양치컵 세트는 사물함 속에 넣고 사용하므로 관리가 중요합니다. 선생님이 확인하지 않으면 칫솔모가 벌어진 것을 사용하거나 양치컵 상태가 비위생적인 경우가 많습니다. 꼼꼼한 선생님은 주기적으로 칫솔 바꿔오기, 양치컵 씻어 오기라고 알림장에 적어 줍니다. 선생님의 안내가 없더라도 매주 실내화를 집에 가져가서 빠는 것처럼 양치컵 세트를 집에 가져가서 위생적으로 사용해야 합니다.

07
대소변 실수를 대비하려면

● × ÷ ＋

　배변훈련은 아기의 자존감 형성과 사회성 및 정서 발달에 영향을 줍니다. 그래서 아기의 신경계와 소근육 발달 정도, 성장 속도에 따라 배변훈련시기를 조정하며, 다그치지 않고 신중하게 접근합니다. 배변훈련을 시작할 때 변기, 응가, 팬티 등 화장실을 사용할때 필요한 용어부터 친숙하게 만들어 주는 것처럼 학교 화장실을 사용할 때도 역시 친숙함이 중요합니다.
　학교 화장실이 두려운 아이는 문을 열어 놓은 채 용변을 봅니다. 습관적으로 문을 잠그지 않는 아이도 있습니다. 문을 열어 두었다가 인기척이 나면 다급히 문을 닫으려고 하지만, 팔이 짧고 민첩성이 떨어지기 때문에 이미 타인에게 노출된 후입니다. 집 밖 화장실에 친밀감을 가지도록 외출 시 여러 화장실을 경험해 볼 것을 권합니다.

♥ 뒤처리는 스스로

학교 화장실에는 아동용 변기 시트나 발 받침대가 없습니다. 키가 작은 아이는 변기에 앉았을 때 발바닥 전체가 바닥에 닿지 않을 수 있습니다. 발 받침대가 없어도 변기에 편하게 앉아서 용변을 보는 일에 익숙해지도록 해야 합니다.

용변을 본 후에는 스스로 뒤처리를 할 수 있어야 합니다. 만약 뒤처리를 스스로 할 수 없다면 선생님이 도와줍니다. 하지만 교실과 화장실 간의 거리가 있고, 아이의 정서를 고려하여 선생님은 친구들의 시선을 다른 곳으로 돌려야 합니다. 가정에서처럼 용변을 마친 후 바로 처치받지 못합니다. 그래서 입학 전에 화장실 뒤처리를 스스로 할 수 있도록 연습해야 합니다.

♥ 가고 싶다고 용기 있게 말하자

화장실에 가고 싶을 때 가고 싶다는 의사를 적극적으로 표현하는 것은 아주 중요합니다. 1학년 선생님은 아이가 의사를 표현하면 수업 중이라도 바로 허락합니다. 3월 적응기간은 수업시간과 쉬는 시간의 간격을 체득하고 화장실 가는 시간을 조절하도록 신체적응훈련을 하는 시기입니다. 아이가 언제든지 화장실에 가고 싶다면 망설이지 않고 말할 수 있어야 합니다.

♥ 대소변 실수를 위한 대비

　세심한 1학년 선생님은 학기 초 준비물로 여벌의 옷과 속옷을 지퍼백에 넣어 사물함에 넣어 두도록 안내합니다. 1년 동안 한 번도 사용하지 않을 수 있지만 필요한 준비물입니다. 자주 일어나지는 않지만 구토를 하거나 대소변 실수를 해서 속옷까지 갈아입어야 하는 일이 발생합니다. 준비물 목록에 관련 내용이 없더라도 이와 같은 상황이 우려된다면 지퍼백에 여벌 옷을 넣어 사물함에 보관합니다.

　선생님에게 아이의 특성에 대해 미리 알려 주면 일어날 수 있는 상황을 좀 더 쉽게 예상하고 세심하게 아이를 챙깁니다. 여벌 옷을 사물함에 넣어 두었다면 계절이나 아이의 성장 속도에 따라 교체해 주는 것도 잊지 않도록 합니다.

08
식품 알레르기가 있다면

● × ÷ ✛

    학교 급식은 학생들의 고른 영양 섭취를 위해 다양한 식재료를 사용합니다. 영양사 선생님은 월 단위로 식단을 작성하고 식단표를 가정에 안내합니다. 식단표에는 일별 메뉴와 열량, 식재료의 원산지가 표시되어 있고, 메뉴마다 알레르기 관련 정보를 제공합니다.

♥ 알레르기 유발 식품 알기

    알레르기가 있는 학생은 메뉴 끝에 표기된 알레르기 정보를 매일 확인하고, 배식할 때 스스로 거부하는 말을 할 수 있어야 합니다. 선생님이 모든 학생의 알레르기 유발 식품을 기억할 수 없습니다. 급식 질서 지도에 신경 쓰느라 배식을 받을 때 해당 아이

옆에 매번 있을 수도 없습니다. 아이 스스로 특정 증상을 보이는 음식을 알고 주의해야 합니다. 가정에서 메뉴를 미처 확인하지 못하고 등교했을 때는 교실이나 급식실 게시판에서 식단표를 확인합니다.

아이가 스스로 음식을 거부하는 말을 못한다면 특별히 주의해야 하는 날에는 선생님에게 미리 알려줘야 합니다. 학교 급식은 주요 메뉴가 매월 반복되어 제공되는 경우가 있으므로 매번 알려줘야 합니다.

♥ 건강상태조사서 작성하기

학기 초 제출해야 하는 안내장에는 건강상태조사서가 있습니다. 단순 감기를 제외한 현재 앓고 있는 질병, 과거에 심하게 앓은 병으로 인한 후유증으로 학교활동 시 주의해야 할 사항을 적습니다. 약물 부작용으로 피해야 할 약품과 식품 알레르기로 피해야 할 식품이 있다면 잊지 말고 기록해야 합니다. 체육수업 참가 여부 등의 주의사항과 미세먼지 및 코로나19 관련 고위험 여부를 담임 선생님과 보건 선생님이 알 수 있도록 자세히 작성해서 제출합니다.

09
자존감을 높이려면

스스로 하는 일이 많을수록 아이의 자신감과 자존감은 높아집니다. 집에서는 스스로 하지 않아도 알아서 해 주는 가족이 있지만, 교실에서는 선생님 혼자 20명이 넘는 학생들의 손발이 될 수 없습니다. 선생님의 손이 부족할 때는 친구들의 손을 빌리게 되는데, 도움을 받는 아이보다 도움을 주는 친구의 자존감이 더 높습니다.

♥ 물병과 우유갑

코로나19로 인해 개인 물병은 필수 준비물이 되었습니다. 아이들은 수업시간에도 수시로 물을 마시고, 부족한 물은 급식실에서 받아오는데 이러한 상황은 아이가 물병을 스스로 열 줄 알아야 가능합니다. 물병은 아이가 스스로 여닫기 편한 것으로 준비해서 언제든지 자유롭게 물을 마실 수 있어야 합니다.

　우유 급식을 신청한 아이는 혼자 우유갑을 열어야 합니다. 우유갑을 열지 못하면 선생님이나 친구의 도움을 받을 수 있지만 본인이 원하는 시간에 우유를 마시지 못할 수 있습니다. 우유갑을 양손으로 잡고 옆으로 벌려 입구를 미는 시범을 보여 주고, 스스로 열 수 있도록 연습해야 합니다. 만약 친구에게 도움을 받았다면 고마움을 표현하는 것을 잊지 않도록 합니다.

　우유를 마시다 보면 쉬는 시간이 훌쩍 지나갑니다. 우유를 천천히 마시면 친구들과 어울릴 시간이 짧아지고, 화장실도 급하게 다녀와야 합니다. 우유를 마실 때는 돌아다니지 않고 앉은 자리에서 남김없이 마셔야 합니다. 입구가 열려 있는 우유갑을 책상에 둔 채로 움직이면 의도치 않게 우유를 쏟는 사고가 발생합니다. 우유갑을 열었다면 말하거나 움직이는 것은 우유를 다 마신 후에 하도록 합니다. 우유를 입에 오랫동안 머금지 않고 두세 번 씹어 바로 삼킬 수 있도록 연습합니다. 200ml 우유를 몇 모금 만에 다 마실 수 있는지 세어 보게 하는 것도 좋습니다. 몇 모금인지 천천히 세면서 마시면 마시는 중에 다른 일을 할 수 없습니다.

♥ 요거트 뚜껑과 김 봉지

급식 메뉴에 종종 가공식품이 나옵니다. 수제 요거트가 나오는 날도 있으나 시중에서 판매하는 떠먹는 요거트가 나오는 날도 있습니다. 아이 혼자 요거트 뚜껑을 열어서 먹을 수 있어야 하므로, 가정에서 요구르트나 요거트를 먹을 때 스스로 뚜껑을 여는 연습을 합니다.

쿠키나 젤리 등도 마찬가지입니다. 수제품이 나올 때도 있지만 낱개로 포장된 판매용이 나오는 경우도 있습니다. 도시락 김도 자주 나옵니다. 양쪽이 톱니 모양으로 된 봉지를 뜯는 연습을 해야 내용물을 쏟지 않고 먹을 수 있습니다. 물론 1학년이 식사할 때는 영양사 선생님이 가위를 들고 식탁 사이를 돌아다니면서 혼자 뜯지 못하는 학생이 있으면 도와줍니다. 담임 선생님에게 뜯어 달라고 요청하는 학생도 많습니다. 연거푸 여러 개의 봉지를 뜯다 보면 선생님 손이 금방 빨갛게 됩니다. 봉지를 스스로 뜯어서 맛있게 먹고, 쓰레기까지 처리할 수 있도록 연습합니다.

10
안전하게 생활하려면

● × ÷ ✚

　선생님은 적응기간에 입학 당시 제출한 서류와 실제가 맞는지 확인하는 행정업무를 합니다. 아이에게 확인했을 때 현재 거주 중인 아파트 호수는 아는데 동은 모른다고 말하는 아이가 있습니다. 또는 동과 호수는 아는데 아파트 이름을 모른다고 답하기도 합니다. 부모님의 연락처를 모르는 아이도 있습니다. 부모에게 개별 연락을 해서 확인하기도 하지만, 아이가 자신의 생년월일과 집 주소, 부모님 연락처를 외우고 있어야 효율적으로 업무를 처리할 수 있습니다.

♥ 실종 예방

　등하굣길의 실종 예방을 위해서도 아이가 기본적인 개인정보는 외우고 있어야 합니다. 낯선 사람에게 개인정보를 알려주는 것은 위험하므로 하지 말아야 할 일이라고 교육합니다. 하지만 길을 잃었을 때 본인이 도움을 받기 위해 필요한 비상 연락처는 꼭 외우고 있어야 합니다. 핸드폰을 가지고 있더라도 단축 번호가 아니라 비상 연락처 하나는 번호를 모두 외우도록 하는 것이 좋습니다.

♥ 아동안전지킴이집

　아동안전지킴이집은 지역사회와 경찰이 함께 아동의 실종과 유괴사고를 예방하기 위해 시행하는 제도입니다. 주로 학교 주변이나 통학로에 있는 문구점, 편의점, 약국 등이 안전지킴이집으로 지정되어 있습니다. 내부가 투명하게 보이고 아이들이 쉽게 드나들 수 있는 곳입니다.

　안전지킴이집은 위급한 상황에 있는 아이들을 임시 보호하고 경찰에게 인계하는 일을 합니다. 학교에서는 낯선 사람으로부터 위협을 받았을 때, 길을 잃었을 때 주변에 있는 안전지킴이집에 들어가 도움을 요청하도록 교육합니다.

 아동안전지킴이집은 안전 Dream 앱 또는 안전 Dream 홈페이지(https://www.safe182.go.kr) 검색창(실종아동 등 → 아동안전지킴이집)에서 지역명을 입력하면 확인할 수 있습니다. 온라인으로 우리 동네 아동안전지킴이집의 위치를 파악했다면 아이와 함께 등하굣길을 걸으면서 직접 확인하고 알려줄 것을 권합니다.

학부모편

부모는 자녀가 자라는 동안 보호자, 조력자, 상담자 등의 역할을 합니다.
자녀가 입학하면 부모 역할의 무게중심이 조력자로 이동하게 됩니다.
자녀의 슬기로운 학교생활을 위해
어떻게 도우면 좋을지 함께 나눠 보겠습니다.

A. 안전하게 스마트하게

아무리 강조해도 지나치지 않는 안전!
안전한 등교가 우선되어야 학교생활을 즐겁게 할 수 있습니다.
자녀의 건강과 안전한 등·하굣길을 위해
입학 전에 미리 확인하고 준비해야 할 것을 세심하게 살펴보는
노력이 필요합니다.

01
입학 전에 확인해야 할 예방접종

● × ÷ ✚

　아이가 단체생활을 시작하면 새로운 환경과 타인에 대한 적응을 위해 많은 에너지를 소모하게 되는데, 이때 면역력이 약해져 각종 질병과 감염병에 노출되기 쉽습니다. 입학 전 예방접종을 완료하면, 감염병으로부터 아이의 건강을 보호하고 심각한 합병증을 피할 수 있게 해 줍니다.
　초등학교 입학 전 만 4~6세에 받아야 하는 예방접종은 4가지입니다.

♥ 만 4~6세에 받아야 하는 예방접종

① 디프테리아/파상풍/백일해(DTap) 5차
② 폴리오(IPV) 4차
③ 홍역/유행성이하선염/풍진(MMR) 2차
④ 일본뇌염 불활성화 백신 4차(또는 약독화 생백신 2차)

♥ 예방접종 완료 여부 확인 방법

 예방접종 완료 여부는 예방접종도우미 누리집 또는 모바일 앱에서 확인할 수 있습니다. 예방접종도우미 누리집에 회원 가입을 하고 자녀를 등록하면 자녀의 예방접종 내역을 조회할 수 있습니다. 접종을 마쳤으나 내역이 조회되지 않으면 접종받은 병원이나 보건소에 전산 등록을 요청해야 합니다. 예방접종 금기자는 금기 사유도 전산 등록해야 합니다. 접종했던 병원이 폐업한 경우 관할 보건소에 문의하여 자료 등록을 요청할 수 있습니다. 외국에서 접종한 경우에도 증명서를 발급받아 가까운 보건소를 방문하여 전산 등록을 하면 됩니다.
 예방접종 내역을 확인한 후 완료하지 않은 접종은 가까운 지정 의료기관이나 보건소를 방문하여 접종해야 합니다. 취학 전 받아야 하는 예방접종 4가지는 국가에서 비용을 전액 지원하므로 무료로 접종받을 수 있습니다.

예방접종이 지연되어 취학 전에 완료할 수 없는 경우, 의사와 상담하여 입학 후에라도 접종을 완료해야 합니다. 교육부는 질병관리청과의 협업을 통해 입학생에 대한 예방접종 이력을 자동으로 확인할 수 있습니다. 학교에서 보건 선생님이 학기 중에 질병관리청의 자료를 확인하고 미접종 대상자에게 접종 완료를 위한 별도의 안내장을 발송합니다. 아이의 건강한 학교생활을 위해 미리 예방접종을 완료할 것을 권합니다.

02
앱 설치 및 가입

● × ÷ ✚

♥ 학교 알리미 앱

　최근 학교는 종이 안내장 발송을 최소화하고 알리미 앱을 통해 학교 소식을 전합니다. 앱을 통해 각종 설문 조사와 참여 신청을 진행합니다. 선생님에 따라 별도의 학급 SNS를 사용하지 않고 알리미 앱의 알림장/커뮤니티 기능을 사용하기도 합니다. 회신이 중요한 몇 가지를 제외하면 학부모가 종이 안내장을 받을 일이 많지 않습니다.

　알리미 앱을 사용하는 학교는 예비 소집일 즈음하여 학부모에게 앱을 소개하고 회원 가입하는 방법을 자세히 안내합니다. 입학 전에는 주요 사항을 학교 홈페이지를 활용하여 안내하지만, 예비 소집일에 앱 설치를 요청받으면 바로 설치하는 것이 좋습니다. 당일에 설치를 못하더라도 안내장을 꼼꼼하게 읽고 학교에서 권장하는 기간 내에 회원 가입을 해야 합니다.

알리미 앱을 사용하면 학교는 종이 안내장을 발송하는 것보다 효율적으로 안내사항을 전달할 수 있고, 학부모는 푸시 알림을 설정하여 실시간으로 확인할 수 있습니다.

푸시 알림 확인을 못하면 중요한 안내사항을 놓칠 수 있으므로 매일 알리미를 확인하는 시간을 정해 두는 것이 좋습니다. 신학기 시작 후 약 1주일 동안은 각종 안내자료가 하루에도 몇 건씩 탑재됩니다. 반복해서 수신되는 알림을 귀찮게 생각하지 말고 지나치는 내용이 없도록 신경 써야 합니다.

알리미 앱을 통해 발송되는 메시지는 발신자 또는 담임 선생님이 개인별로 열람 일시를 확인할 수 있습니다. 중요한 사항일 경우 미열람자에게 내용을 재발송합니다. 학부모는 수신된 안내사항을 꼼꼼하게 확인하여 불이익이나 불편을 겪지 않도록 해야 합니다.

♥ 학교 홈페이지 둘러보기

입학 전에 학교 홈페이지를 방문하여 학교 운영에 관한 전반적인 내용을 살펴볼 수 있습니다. 교장 선생님의 교육관을 확인하고, 학교 규모 및 특색을 알아봅니다. 입학과 동시에 회원 가입을 하면 학교생활과 관련된 다양한 내용과 학교 행사 사진을 볼 수 있습니다.

회원 가입을 할 때는 자녀의 반, 번호, 이름을 입력해야 담임 선생님이 학급 회원으로 승인합니다. 부모 이름으로만 회원 신청을 하면 담임 선생님은 우리 반 학부모가 맞는지 자료를 찾아 대조해야 하는 번거로움이 있습니다.

아이디와 비밀번호는 잊지 않도록 메모해 두거나 자주 사용하는 걸로 설정하기를 권장합니다. 홈페이지는 주로 출석에 관한 서류 다운받기, 방과후학교 신청하기, 교외체험학습 신청하기 등을 할 때 활용하는데, 필요할 때만 로그인을 하므로 아이디를 잊고 때마다 재가입하는 학부모님들이 적지 않습니다.

학교마다 홈페이지 메뉴 구성에는 차이가 있으나 대부분은 학부모 마당이나 알림 마당을 통해 정보를 제공합니다. 알림 마당 하위 메뉴로 공지사항이나 가정통신문을 구성하기도 하는데, 여기에서는 학교 알리미 앱으로 발송한 지난 안내장들을 확인할 수 있습니다.

학교의 다양한 면모를 둘러보고 각종 행사에 대한 정보를 얻는 등 학교 홈페이지를 효과적으로 활용하면 자녀의 학교생활을 이해하는 데에 많은 도움이 될 것입니다.

03
승용차 등하교를 한다면

● × ÷ ＋

　새 학기가 되면 학교는 교통안전교육에 집중합니다. 학생들에게 횡단보도 건너는 법을 반복하여 지도하고 등·하교 시 발생하는 교통사고 사례를 통해 경각심을 갖게 합니다. 배움터지킴이 선생님은 매일 차도와 연결된 출입문에서 주정차하는 차량을 단속하고 학생들이 안전하게 등·하교하도록 돕습니다.

　학생은 도보로 등교해야 하지만 부모 출근길에 차량으로 등교시켜야 할 상황이 생기기도 합니다. 이런 경우를 대비하여 입학 전에 학교의 정문이나 후문 근처를 탐색하고 등·하교 시 주정차가 가능한 곳을 미리 파악해 두는 것이 좋습니다.

　학교 주변 도로는 어린이보호구역으로 지정되어 있어 도로가 있는 정문이나 후문에는 좌우로 울타리가 있습니다. 자녀를 하차시킬 때는 학교 주차장 입구와 울타리를 피해야 하므로 안전한 장소를 미리 확인해야 합니다. 하차 장소에서 학교 정문까지 도보로 걸리는 시간도 미리 체크하면 좋습니다.

♥ 어린이보호구역

　스쿨존이라고 하는 어린이보호구역은 학생들의 안전한 통학 공간을 확보하여 교통사고를 예방하기 위한 제도입니다. 초등학교 및 유치원, 특수학교의 주출입문을 중심으로 반경 300m 이내의 도로, 필요시 반경 500m 이내의 도로 중 일정 구간은 어린이보호구역으로 지정되어 있습니다. 도로교통법에 의해 차의 통행을 제한하거나 금지할 수 있고 주행 속도를 시속 30km 이내로 제한합니다.

　스쿨존에는 안전표지, 반사경, 과속방지용 턱 등 도로 부속물이나 울타리 등의 안전시설이 설치되어 있습니다. 차량의 주차나 정차가 금지되는데 어린이 승하차를 위한 주정차는 경찰청장이 허용하는 구역에서 일시적으로 가능합니다.

♥ 민식이법

　민식이법은 스쿨존에서 어린이 교통사고를 줄이는 것을 목적으로 개정된 법안입니다. 이 법안은 어린이보호구역 내 신호등과 과속 단속 카메라 설치를 의무화하는 내용을 담고 있는 도로교통법 개정안과 어린이보호구역 내 안전 운전 의무 부주의로 사망이나 상해사고를 일으킨 가해자를 가중 처벌하는 내용의 특정범죄 가중처벌 등에 관한 법률 개정안으로 이루어져 있습니다.

　스쿨존에서 사고가 나면 이 법안에 의거하여 금고 또는 벌금의 처벌을 받게 됩니다. 13세 미만의 어린이가 다치면 가중 처벌되니 운전자의 주의가 필요합니다.

04
등굣길 연습 방법

● × ÷ ✚

학교는 외부인의 출입을 통제합니다. 공개적으로 학교에서 학부모를 초청하는 행사일을 제외하면 학교 경비실인 배움터지킴이실에 출입증을 제시해야 방문할 수 있습니다. 물론 지역이나 학교 실정에 따라 철저함에는 차이가 있지만 최근에는 여러 가지 이유로 외부인의 출입 통제를 더욱 강화하고 있습니다. 예전에는 자녀와 함께 입학 예정인 학교에 아무 때나 들어가 운동장에서 달리기를 해 보고 학교시설도 살펴볼 수 있었으나, 이제는 어려운 일이 되었습니다. 교문이 개방되어 있지 않으면 학교 울타리를 한 바퀴 돌아보는 정도로 사전 탐색을 할 수 있습니다.

♥ 시선 강탈

아이와 함께 학교를 사전 탐색할 때 집에서 교문까지 손잡고 천천히 걸어 보길 권합니다. 학교 주변에는 어떤 건물이 있고 어느 건물에서 방향을 바꿔야 하는지, 횡단보도는 몇 번을 건너야 하는지, 어느 길로 가야 안전한지 등을 점검하는 것입니다. 한두 번 부모님과 나란히 손잡고 걸어 봤다면 아이가 앞서 걸을 수 있는 기회를 주는 것도 좋습니다. 위험한 일이 있을 때 손이 닿을 수 있는 거리를 두고 뒤따라가면서 아이가 학교 가는 길을 잘 찾는지 살펴봅니다. 아이가 앞장서서 걸을 때 차도와 떨어져 우측통행을 하는지, 횡단보도 앞에서 주의를 기울여 스스로 멈추는지 등을 확인하여 안전한 등굣길을 연습합니다. 이때 어느 지점에서 아이가 멈추어 주변에 시선을 빼앗기는지 주의 깊게 확인합니다. 이제 막 싹이 돋기 시작한 풀 앞에서 멈출 수도 있고, 가로수 가지에 시선을 뺏길 수도 있습니다. 때로는 길을 지나는 벌레에 집중하여 한참 관찰할 수도 있습니다. 등·하굣길에 내 아이의 시선을 강탈하여 멈추게 하는 것이 무엇인지 알고, 어떻게 해야 하는지 이야기해 줍니다.

♥ 아이의 발걸음으로

　집에서 학교까지 아이가 앞서 걸을 때 안전한 보행을 확인했다면, 학교에서 집으로 되돌아오는 길에도 아이가 앞장서 걷도록 합니다. 이번에는 아이의 발걸음으로 학교에서 집까지 도착하는 동안 시간이 얼마나 걸리는지 확인합니다. 대부분의 부모는 아이와 학교를 탐색할 때 나란히 손잡고 오순도순 이야기하며 걷습니다. 아이와 함께 손을 잡고 걷더라도 아이가 주도권을 갖고 부모의 발걸음을 이끌도록 합니다.

　아이의 발걸음으로 걸리는 시간을 확인해야 등교하는 데 걸리는 시간을 예상하여 기상시간을 조정할 수 있습니다. 가끔 등교시간을 잘못 이해한 아이는 교실에 입실하는 시간이 아니라 집에서 출발하는 시간으로 생각하기도 합니다. 등교시간은 교문을 통과하고 교실에 들어와 자리에 앉아 있어야 하는 시간입니다. 아이의 발걸음으로 걸리는 시간을 확인해야 집에서 출발하는 시간을 정확하게 가늠할 수 있습니다.

05
하굣길 안전을 위한 약속

● × ÷ ＋

　입학 후 1~2주는 선생님이 교문까지 인솔하여 하교 지도를 합니다. 인솔 지도가 끝난 지 얼마되지 않아 가끔 교내에서 길을 잃은 아이를 볼 수 있습니다. 교실 출입구를 지나 정·후문까지 길지 않은 동선인데도 어디로 가야 되는지 모르겠다고 울고 있습니다. 아이의 성장 속도에 따라 다르겠지만 자녀가 주의력이 부족하거나 땅만 보고 걷는다면 하굣길 안전에 특히 유의해야 합니다.

♥ 등·하교 도우미

　적응기간에는 등·하교 도우미가 필요합니다. 가까운 거리라도 길이 복잡하거나 많은 건물을 지나야 할 때 아이는 집에 가는 길을 쉽게 찾지 못하고 혼란스러워할 수 있습니다. 형제자매나 친한 이웃과 함께 등교하는 것이 가장 좋지만 얼마간은 보호자가 동행해야 안전합니다.

  동반 하교를 할 때는 아이와 만나는 장소를 정하는 것이 중요합니다. 입학 전 학교를 탐색할 때 아이가 이용할 주출입문이 정문인지, 후문인지 알려줍니다. 후문 앞 정자에서 만날 것인지, 어떤 나무 아래에서 만날 것인지 명확하게 결정한 후 약속해야 합니다.

  적응기간 동안에는 거의 매일 1학년 전체 학부모가 자녀를 마중 나옵니다. 많은 사람이 동시에 손을 흔들기 때문에 자녀가 한눈에 부모님을 찾기는 쉽지 않습니다. 교문을 향해 걸어 나가는 동안 아이는 부모님이 안 보이면 두리번거리면서 당황하거나 불안해합니다. 약속 장소를 정확하게 알고 있다면 부모님이 당장 눈에 보이지 않더라도 불안해하지 않을 것입니다.

♥ 횡단보도가 있다면

  아이들은 교문 밖에서 자신을 기다리는 부모님을 보면 반가운 마음을 숨기지 못하고 표현합니다. "엄마!"하고 부르면서 손을 높이 흔듭니다. 줄을 이탈하여 먼저 엄마 품으로 달려가려고 하는 아이도 있습니다. 선생님은 교문까지 질서를 유지하며 이동하고, 부모님을 만난 아이들을 향해 손을 흔든 후 돌아섭니다. 부모님이 늦게 오면 배움터지킴이 선생님이 잠시 보호해 주기도 합니다.

   자녀를 맞이할 때는 횡단보도를 주의해야 합니다. 부모가 교문 맞은편에 있고 아이가 교문 앞에 있을 때, 길 건너에 있는 부모가 먼저 손을 흔들어 아이 이름을 부르는 경우가 있습니다. 이것은 매우 위험한 행동입니다. 아이는 좌우를 살피지 않고 횡단보도로 뛰어들 수 있기 때문에 교통사고를 유발할 수 있습니다. 횡단보도를 건넌 후에 아이를 불러야 사고를 예방할 수 있습니다.

학부모편

B. 학습 도움 주기

1학년은 창가에 그림자만 비쳐도 시선을 쉽게 빼앗깁니다.
일상적인 소리에 일일이 반응하며
새롭지 않은 학용품을 장난감으로 삼아
집중력을 유지하는 일은 매우 힘듭니다.
자녀의 수업 집중력을 높이고 싶다면 학용품은 최대한 단순한 것으로 준비할 것을 권합니다.
입학식 날 선생님은 개인 준비물 목록을 배부합니다.
주말을 포함하여 준비 기한을 주기 때문에
입학 전에 서둘러 구매할 필요는 없습니다.

01
기본 준비물을 고를 때

기본 준비물은 기능적으로 문제가 없다면 최대한 심플한 디자인으로 선택할 것을 권합니다. 화려하고 복잡한 학용품은 놀잇감으로 용도가 쉽게 변경됩니다.

♥ 책가방

책가방은 가볍고 메고 다니기 편한 것으로 고릅니다. 어깨끈 너비가 아이의 신체에 적당해서 흘러내리거나 조이지는 않은지 살펴봅니다. 가슴 부분을 버클로 잠그는 가방을 선택했다면 아이 스스로 버클을 여닫는 연습을 해야 합니다.

책상에 걸 수 있게 위쪽에 고리가 있어야 하고, 내용물을 쉽게 넣고 뺄 수 있도록 입구가 둥근 것보다는 사각 모양으로 크게 벌어지는 것이 좋습니다. 옆쪽에는 물병 주머니가 있어야 합니다. 여분의 마스크와 크기가 작은 물건이나 준비물을 담을 수 있게 안팎으로 보조 주머니가 있으면 편리합니다. 잠금장치가 화려하면 보기에는 멋스럽지만 걸리거나 얽히기 쉽기 때문에 단순한 것으로 선택하길 권합니다. 고학년이 되면 한 번 바꾼다는 생각으로 구매하는 것이 좋습니다.

　입학 후 본격적으로 학교생활을 하게 되면 아이의 책가방을 주기적으로 살펴봐야 합니다. 책가방 바닥에 연필이 굴러다니거나 뜯어진 낱장의 종합장이 구겨져 있기도 합니다. 혹은 오래된 안내장이 방치되어 있기도 합니다. 아이의 정리·정돈 습관이 형성될 때까지 주기적으로 책가방 정리를 자녀와 함께하길 바랍니다.

♥ 실내화

　실내화는 아이의 발 사이즈보다 5mm 정도 여유 있는 것으로 선택하고, 성장 속도에 맞춰 자주 교체해 주면 좋습니다. 실내화가 손가락 한 개가 들어갈 정도로 크면 아이는 슬리퍼처럼 실내화를 끌게 됩니다. 1학년은 거의 매일 신체를 움직이는 활동을 하는데 실내화가 너무 크면 자꾸 벗으려고 해서 그만큼 안전사고의 위험이 높아집니다.

실내화 바닥은 흰색이고 미끄럼 방지가 되어 있는 것이 좋습니다. 바닥이 유색인 실내화는 격한 활동을 하면 교실 바닥에 자국을 남기므로 좋지 않습니다.

발등에 구멍이 있는 실내화는 괜찮지만, 구멍에 장식이 달려 있는 것은 권장하지 않습니다. 발등을 접어 앉을 때 불편하고 활동 중에 장식이 떨어지면 끼워 달라고 수업 중에 요청하기도 합니다. 떨어진 장식을 버리거나 가방에 넣지 않고 손으로 조물조물 만지면서 놀기도 해서 수업 집중에 방해가 됩니다.

♥ 필통

필통은 연필 3~4자루와 네임펜, 빨간색 색연필, 지우개, 10~15cm의 자 등이 들어갈 수 있는 크기면 적당합니다. 떨어뜨렸을 때 큰 소리가 나지 않도록 천으로 된 필통을 권장합니다. 너무 흐물거리거나 얇은 천은 내용물을 보호하지 못하므로 단단하고 각이 잡힌 천 필통이 좋습니다.

외관이 화려하거나 볼록한 캐릭터가 있는 필통, 게임 기능이 있는 필통은 수업에 방해가 됩니다. 볼록한 캐릭터를 만지작거리면서 촉감을 느끼는 놀이를 하거나 화려하게 색깔이 변하는 필통에 빠져서 선생님을 바라보는 것을 잊습니다. 게임은 말할 것도 없습니다.

　최근 유행하는 필통은 지퍼를 열면 양쪽으로 넓게 펼쳐집니다. 안에 보조 그물이 있어 내용물을 고정할 수 있고, 물건을 많이 담을 수 있습니다. 그러나 이런 필통은 권장하지 않습니다. 공간이 많으면 아이들은 이것저것 물건을 채워 넣습니다. 풀, 가위도 넣고 12색의 색연필까지 모두 넣습니다. 한 번 떨어지면 주워 담는 데도 한참 걸리고, 필통을 펼쳐 놓으면 차지하는 면적이 넓어서 교과서 한 페이지를 덮어 버립니다. 필통 속에 넣은 물건이 많을수록 수업에 집중하기 힘듭니다.

　부피가 큰 필통은 책상 서랍 속에 넣고 사용하기도 힘듭니다. 책상 서랍 속 왼쪽에는 교과서(국어, 국활, 수학, 수익, 통합)를 넣고, 오른쪽에는 종합장, 알림장 등 공책류를 넣어 사용합니다. 필통은 그 가운데에 넣어야 하는데 부피가 크면 그 자리에 넣을 수 없습니다. 그래서 큰 필통을 가진 아이들은 필요할 때마다 가방 속에서 필통을 꺼내고, 그것이 불편한 친구들은 아예 바닥에 두고 사용합니다.

　필통은 민무늬로 각 잡힌 사각 모양이 좋습니다. 책상 위에 두었을 때 안정감 있고, 책상 서랍 속에 넣었을 때 좌우 책류와 공책류 사이에 넣을 수 있어야 합니다.

부모는 책가방 상태를 주기적으로 확인하듯이 필통 상태도 주기적으로 확인하면 좋습니다. 필통 정리는 물론이고 위생적으로 사용할 수 있게 주기적으로 세탁에도 신경을 써야 합니다.

♥ 연필과 연필 끼우개

연필은 각진 것이 좋습니다. 둥근 연필은 떨어뜨리면 멀리 굴러가기 때문에 책 사이에 끼우거나 책상 위에 두었을 때 굴러가지 않도록 각진 것을 권합니다.

연필심은 흑연과 점토를 혼합하여 만드는데 섞는 비율에 따라 강도와 진하기가 달라집니다. 점토를 많이 섞을수록 단단해집니다. H(Hardness)는 점토가 많이 첨가되어 숫자가 높을수록 연하고 단단합니다. B(Blackness)는 흑연이 많이 첨가되어 숫자가 클수록 진하고 무릅니다. 필기용 연필은 주로 HB나 B를 사용하는데 손가락 힘이 약한 1학년은 2B 정도가 적당합니다.

연필 끼우개는 연필 뚜껑용, 필기 보조용, 길이 연장용이 있습니다. 뚜껑으로 사용하는 끼우개는 연필심이 부러지지 않게 도와주는 것으로, 소재가 플라스틱으로 된 것과 말랑한 것이 있습니다. 플라스틱으로 된 것은 떨어뜨리면 금이 가기 쉽고 연필과 따로 있을 때 잘 굴러갑니다. 말랑한 것은 모양이 화려합니다. 최대한 모양이 단순한 걸로 선택하는 것이 좋습니다. 실리콘 소재의 필기 보조용으로 사용하는 끼우개는 손가락 모양을 잡아 주고 힘을 줄 때 통증을 줄여 줍니다. 아이가 연필을 쥐는 데 힘을 너무 많이 준다면 사용해도 괜찮습니다. 학교에서 길이 연장용 끼우개를 사용하는 아이는 많지 않지만, 낭비를 막고 절약을 가르치기에 좋습니다.

연필은 집에서 매일 미리 깎아서 준비하고, 교실에 있는 연필깎이는 쉬는 시간에만 이용해야 합니다.

♥ 지우개

지우개의 모양과 색깔은 매우 다양하지만 단순할수록 좋습니다. 모양과 색깔이 화려할수록 사용하지 않을 때 자꾸 만지게 되어 장난감으로 가지고 놀기 쉽습니다. 캐릭터 모양이거나 색이 화려한 지우개는 수업 집중도를 떨어뜨리므로 권장하지 않습니다.

부드럽게 잘 지워지고 아이가 손에 쥐기 편한 크기로 준비하면 됩니다. 요즘 유행하는 슬라이딩 지우개는 학교에 가지고 오지 않도록 합니다. 필통을 여는 순간 손이 지우개로 갑니다. 드르륵거리는 소리 때문에 수업에 방해가 됩니다.

♥ 공책, 알림장, 종합장

공책류는 미리 준비하지 않고 입학 후 선생님의 안내에 따라 마련하는 것이 좋습니다. 주로 10칸 공책을 활용하지만 학급 학생의 실태를 고려하여 8칸이나 6칸 공책을 사용할 수도 있습니다.

알림장 역시 학급에 따라 활용시기가 다릅니다. 학생의 한글 익힘 수준에 따라 1학기부터 쓰기도 하고 2학기에 사용할 수도 있습니다.

종합장은 주로 창의적 체험활동시간이나 개인활동용으로 사용하는데 줄이 없는 것이 좋습니다. 선생님의 수업계획에 따라 줄이 있는 것을 안내할 수도 있으므로 입학 후에 담임 선생님의 안내를 받고 준비합니다.

♥ 풀, 가위

풀과 가위는 학교에서 학습 준비물로 제공하기도 하지만 개인 준비물로 안내할 수도 있습니다. 풀은 물풀보다 밑을 돌려서 쓰는 딱풀이 사용하기 편리합니다. 풀의 용량은 15g은 너무 빨리 쓰고, 35g은 작은 종이를 붙일 때 불편하므로 25g이 사용하기 적당합니다. 풀을 사용하는 작품활동을 많이 하므로 소모되기 전에 미리 준비해 두어야 합니다.

  가위가 손에 맞지 않으면 섬세한 가위질을 하기 힘들어 작품의 완성도가 떨어집니다. 자녀가 왼손잡이라면 학교에서 학습 준비물로 가위를 제공한다고 해도 개인적으로 왼손잡이용 가위를 따로 준비할 것을 권합니다.

  손의 크기나 소근육 발달 정도에 따라 안전 가위나 유아용 소형 가위를 준비할 수도 있습니다. 이런 가위를 사용하는 학생들은 5~6월이 되면 가위가 손에 맞지 않아 친구의 가위를 빌려 쓰게 됩니다. 유아용 가위를 준비했다면 학기 중에 사용하는 데 불편한 점은 없는지, 손에 맞는지 자녀에게 물어서 학생용 가위로 교체해 줍니다.

♥ 색칠 도구

  색연필과 사인펜은 12~18색으로 준비하는 것이 좋습니다. 24색은 책상 위에 펼쳐 놓으면 작업할 공간이 없습니다. 바닥에 놓고 사용해야 하고 색을 빌리기 위해 친구들이 많이 모여서 방해를 받기도 합니다. 색의 조합을 통해 다양한 색을 탐색할 기회도 잃습니다.

  색연필은 돌려서 사용하는 것으로 준비합니다. 벗겨서 사용하는 색연필은 실을 잡아당기는 데 손가락 힘이 많이 필요합니다. 항상 선생님의 손을 빌려야 합니다.

색칠 도구는 브랜드나 회사별로 색감과 질감이 다릅니다. 아이가 선호하는 것으로 선택하되 번짐이나 묻어남이 심한 것은 권하지 않습니다. 색칠 도구의 여닫이는 끼우는 것보다 찍찍이로 선택합니다. 끼우는 것은 섬세한 손놀림이 필요하고, 힘을 주어 끼우다 보면 한쪽이 금방 뜯어집니다.

교실에서 주인 없이 가장 많이 돌아다니는 물건은 색칠 도구입니다. 색연필과 사인펜은 둥글기 때문에 잘 굴러갑니다. 떨어진 색칠 도구는 주변을 둘러봐도 쉽게 찾기 힘듭니다. 나중에 청소하면서 발견하기도 하고 한참 후에 어디에서 다시 굴러 나오기도 합니다.

요즘 아이들은 분실물 바구니에 있는 자기 물건을 잘 찾아가지 않습니다. 물건에 이름 스티커를 붙여서 자기 소유를 명확히 하고 물건을 아껴 쓰도록 지도하는 것이 필요합니다. 크레파스를 포함한 색칠 도구는 낱개마다 이름 스티커를 붙여서 정리하고, 사인펜 뚜껑과 케이스에도 이름 스티커를 붙여야 합니다.

02
이름 스티커를 준비할 때

● × ÷ ＋

개인 준비물을 학교에 가져올 때는 모든 물건에 이름을 써야 합니다. 네임펜으로 이름을 쓸 수도 있지만, 이름 스티커를 사용하면 편하게 작업할 수 있습니다. 인터넷으로 주문 제작하거나 생활용품 파는 곳의 기계를 이용하면 됩니다. 개인이 제작하여 출력할 때는 방수 라벨지를 사용할 것을 권합니다.

이름 스티커는 눈에 잘 띄게 이름이 선명해야 하고 약간의 꾸밈이 있어도 무방합니다. 중소 사이즈를 가장 많이 활용하지만 사이즈별로 과하다 싶을 정도로 준비하면 좋습니다. 색칠 도구의 색깔마다, 뚜껑마다, 연필 끼우개와 풀 뚜껑에도 붙입니다. 색칠 도구 등의 소모품은 교체할 때마다 스티커 작업이 필요합니다. 이름 스티커는 학교에서 나눠 준 물품이나 개인 작품에도 자율적으로 활용할 수 있습니다. 여분이 있다면 자녀의 가방에 넣어 주고 스스로 활용할 수 있도록 합니다.

　방수가 되는 이름 스티커는 세탁해도 쉽게 떨어지지 않으므로 점퍼 등의 겉옷 안쪽 라벨에 붙여 주면 좋습니다. 옷의 안쪽에 이름이 있으면 분실 시 쉽게 찾을 수 있습니다. 아이들은 옷을 급식실이나 운동장에 두고 오는 경우가 많습니다. 놓고 온 것을 금방 인지하면 바로 찾으러 가지만 하교 후에 아는 경우도 많습니다. 우산 손잡이 끝부분에도 이름 스티커를 붙여 사용할 수 있습니다. 그 외에도 다양하게 사용되므로 입학 전에 충분한 양을 미리 준비하면 좋습니다.

03
계기 교육에 함께하려면

● × ÷ ✚

아이가 학교에 입학하면 알림장에 국기 달기라고 적어 오는 날이 많습니다. 경축일이나 조기 게양일 그 외 정부가 따로 지정하는 날에 지방자치단체나 공공기관은 국기를 답니다. 학교는 이 시기에 맞춰 계기교육을 하고 가정에서 국기를 달도록 안내합니다. 다음날 실천 여부를 물었을 때 집에 국기가 없어서 달지 못했다고 대답하는 학생들이 여럿 있습니다. 국기를 미리 준비해 두고 아이가 배운 것을 실천할 수 있도록 해야 합니다.

가정에서 국기 다는 날
• 3월 1일 (삼일절)   • 6월 6일 (현충일) – 조기
• 7월 17일 (제헌절)   • 8월 15일 (광복절)
• 10월 1일 (국군의 날) • 10월 3일 (개천절)
• 10월 9일 (한글날)

04
주도성과 자주성을 키우려면

● × ÷ ✚

　적응기간에 친구들과 관계 맺고 활동하는 모습을 보면 집안일을 해 본 아이와 그렇지 않은 아이를 어렴풋이 구분할 수 있습니다. 집안일을 해 본 아이는 소근육 발달이 남달라서 색종이 접기나 섬세한 자르기 등에서 두각을 나타냅니다. 대부분 가정에서 자기 책상을 스스로 정리하고 장난감을 닦거나 빨래 개기 같은 소일을 해 본 경험이 있습니다. 집안일을 도운 경험이 많은 아이들은 친구들과의 관계가 좋고 상대의 기분이나 처지에 대한 공감력도 뛰어납니다.

♥ 집안일을 해 본 아이와 그렇지 않은 아이

집안일을 해 본 아이는 학교생활에서 주도성과 자주성을 보입니다. 소소한 일을 해 본 경험이 많아서 선생님의 도움을 받지 않고 스스로 해결하는 일이 많습니다. 그렇지 않은 아이는 작은 것 하나하나 선생님에게 묻습니다.

주변에 이름이 없는 연필이 떨어져 있습니다. 한 아이는 주워서 주변 친구에게 자기 것인지 묻고 주인을 찾아 줍니다. 다른 아이는 연필이 떨어져 있다고 선생님에게 알립니다. 아주 소소한 일이지만 문제해결력의 차이를 느낄 수 있습니다.

집안일을 해 본 아이가 나서서 선생님을 돕습니다. 1학년 선생님이 아이들에게 도움을 요청하는 일은 많지 않습니다. 하지만 선생님의 움직임을 보고 상황을 살필 줄 아는 아이는 스스로 도움이 필요한 상황인지 아닌지 판단합니다.

선생님이 활동에 대한 설명을 마치고 책상 대형을 바꾸라고 이야기합니다. 학생들이 처음 만드는 대형 변화를 이해하지 못해 머뭇거리면 선생님이 직접 책상을 이리저리 옮깁니다. 이때 상황을 파악하고 "이거 이렇게 할까요?"라고 물으면서 선생님과 같이 책상을 옮기는 아이가 있습니다. 반면 멀리서 멀뚱멀뚱 보고 있는 아이가 있습니다. 집안일을 통해 몸을 많이 움직여 본 아이가 주도적으로 먼저 나섭니다.

몸을 움직이면 뇌가 맑아지고 눈과 손의 협응력이 좋아집니다. 어렸을 때부터 청소나 심부름 같은 허드렛일을 많이 한 아이는 소근육이 발달해서 섬세한 일을 잘하고, 수행 속도가 빠릅니다. 우리는 흔히 이런 아이들에게 손끝이 야무지다고 합니다. 그래서 친구들을 도울 수 있는 기회가 많습니다. 구슬 꿰기, 섬세한 가위질 등의 활동은 손끝이 무디면 하기 힘듭니다. 선생님이 도와주지만 시간 안에 마치기 위해서는 선생님과 같이 도우미할 친구를 정합니다. 활동 도우미나 학습 도우미를 하면 아이의 존재감이 높아지고 자존감도 함께 향상됩니다.

♥ 학교생활과 연계되는 집안일

신발 정리, 책상 정리, 화분 물주기, 장난감 정리하기 등의 집안일은 모두 교실생활과 연계됩니다. 수저를 놓고 식사 후 밥그릇을 싱크대에 넣는 일은 급식실 생활과 연계됩니다. 그 외 분리

수거를 돕는 일, 청소하는 일 등 일상의 소소한 움직임이 학교생활에 영향을 줍니다. 집안일은 어른들의 일이라고 생각하여 아이들에게 기회를 주지 않으면 아이는 수동적인 자세를 가지게 됩니다.

스스로 할 수 있는 일이 많아지면 자존감이 높아지고 가족의 칭찬을 통해 자신을 긍정적으로 바라봅니다. 일에 대한 보람과 성취감도 느낄 수 있습니다. 소소한 집안일이 별것 아닌 것 같아도 아이의 세계에서는 새로운 도전인 경우가 많습니다. 집 안에서 아이의 신체 능력에 알맞은 역할을 정해 도전하는 기회를 자주 갖길 바랍니다.

학부모편

C. 생활 및 관계 도움주기

학교에 입학하면 아이는
지금까지의 삶에서 가장 거대한 세상과 마주하게 되고,
인간관계의 폭이 넓어집니다.
혼자하는 놀이보다 집단적인 놀이와 조직적인 놀이를 즐기게 됩니다.
이 과정에서 규칙과 질서를 배우고 협동을 통해 관계를 발전시킵니다.
선생님과 친밀한 관계를 맺고
원만한 교우 관계를 위해서는 자신의 감정을 제대로 표현하고,
상대를 배려하는 자세가 필요합니다.

01
상대를 내 편으로 만드는 말 습관

말에는 힘이 있습니다. 말로 인해 갈등이 커지기도 하고 해소되기도 합니다. 예의 갖춘 말은 선생님의 너그러움을 끌어냅니다.

♥ 묻는 문장으로 예의 바르게

쉬는 시간에 종이접기를 하는 아이가 있습니다. 종이접기를 하다가 찢어진 부분을 테이프로 붙이고 싶은데, 교실에 있는 테이프는 수업용이어서 개인적으로 사용하려면 허락을 받아야 합니다.

아이들은 허락을 구하는 말을 두 가지 유형으로 이야기합니다.

"선생님, 테이프 좀 주세요. 색종이가 찢어졌어요."
"선생님, 테이프 좀 쓸 수 있을까요? 색종이가 찢어졌어요."

모두 예의 바르고 정중하게 요청하는 말입니다. 하지만 말이 주는 어감이 달라서 묻는 문장으로 말했을 때 훨씬 공손하게 들립니다. 물론 선생님은 두가지 경우 모두 테이프를 필요한 만큼 뜯어 쓰도록 허락합니다. 아이가 "쓸 수 있을까요?"라고 요청했을 때 장난으로 "안 돼!"라고 대답하는 경우는 선생님과 아이의 라포(Rapport)가 충분히 형성된 경우입니다. 아이가 충분히 농담으로 인식할 만한 성숙도를 가졌을 때 가능한 대답입니다. 설령 장난으로 "안 돼!"라고 했더라도 분명히 눈웃음과 함께 행동은 이미 테이프를 주고 있을 것입니다.

친구들에게 무언가를 요청할 때도 마찬가지입니다.

"보라색 좀 빌려줘."
"보라색 좀 빌려줄래?"

모두 부드러운 말투이고, 색연필을 빌려 달라는 의도는 같습니다. "빌려줘."와 같이 말했을 때는 상대방의 대답보다 내 의지가 더 중요합니다. 그래서 성격이 급한 아이는 친구의 대답을 듣지 않고 손이 먼저 보라색 색연필로 향합니다. 성격이 원만한 아이는 그냥 빌려줍니다. 그러나 자기 물건에 대한 애착과 관리가 확실한 아이는 빌려준다고 대답 안 했는데 가져갔다고 선생님에게 이르거나 자기들끼리 티격태격합니다. "빌려줄래?"와 같이 말하는 것은 상대의 대답을 듣고 가져가겠다는 의지로 상대에 대한 존중을 포함하고 있습니다.

묻는 문장에는 힘이 있습니다. '~할까?, ~될까?, ~줄래?, 어때?, ~돼?' 등 친구와 놀이할 때나 자신의 의견을 다른 사람에게 전달할 때 묻는 문장으로 표현하는 습관을 가지면 좋습니다. 그러면 상대방은 훨씬 쉽게 부탁을 들어주고 이야기에 귀 기울여 줍니다.

♥ 감정을 표현하는 연습을 해요

수업시간에 팽이를 만들었습니다. 일찍 만든 친구들은 삼삼오오 모여 팽이 돌리기를 하고 있습니다. 한 친구가 같이 놀자고 다가옵니다. "하나, 둘, 셋!"하고 모두 동시에 팽이를 돌립니다. 여러 번 경기를 하지만 매번 한 아이의 팽이가 먼저 멈춥니다. 그런데 갑자기 친구의 팽이를 발로 차고 일어섭니다. 아이는 자리로 돌아가 혼자 울고, 팽이가 망가진 아이는 선생님에게 와서 이릅니다.

선생님이 두 친구를 불러 중재합니다. 팽이를 발로 찬 아이의 감정을 다른 친구는 모릅니다. 그냥 잘 놀고 있는데 갑자기 당한 일이라는 것입니다. 선생님이 "자꾸 지니까 화가 나서 그랬어?",

"속상해서 그랬어?"라고 화나고 속상한 감정을 이야기해 줍니다. 자기 마음을 알아주니 눈물을 닦고 고개를 끄덕입니다. 다른 친구는 친구의 감정을 이해하자 자기 팽이가 망가졌어도 사과를 받아줍니다. 선생님이 여분의 팽이를 줍니다. 그렇게 둘이 화해합니다.

위의 사례처럼 말로 감정을 표현하는 것이 서툰 아이는 화가 나면 울거나 물건 던지기, 때로는 몸으로 격하게 표현합니다. 교우 관계에서 어려움을 겪습니다. 말하지 않아도 자기의 마음을 알아주는 사람은 선생님뿐이고, 친구들은 헤아리지 못합니다. 1학년은 자기중심적으로 사고하고 행동합니다. 상황과 주변을 살피지 못하기 때문에 항상 선생님의 중재가 필요합니다. 선생님이 아이의 감정을 읽어 주면 갈등 상황은 빠르게 정리됩니다. "나 화나!", " 내가 계속 지니까 기분이 나빠!"라고 말하면 친구는 다른 놀이를 하자고 제안하거나 위로해 줄 수 있습니다. 어떤 때에는 옆에 있던 친구가 그 말을 듣고 "그럼 이번에는 나랑 하자."하고 불편한 상황을 단번에 해결해 주기도 합니다.

자신의 감정을 구체적으로 표현하면 일이 일어난 과정을 생각하게 되고, 친구가 처한 상황을 쉽게 헤아립니다. 1학년이 주로 사용하는 감정 표현은 '기쁘다, 즐겁다, 신난다, 행복하다, 슬프다, 화난다, 억울하다, 속상하다' 등입니다. 이 외에도 다양한 감정 표현의 어휘가 있습니다. 시중에는 어휘력과 관련된 감정 카드나 책이 많이 있습니다. 적당한 감정 카드와 어휘 카드를 구매하여 집 안에 붙여 두고 모든 가족이 다양한 감정 표현을 사용하여 대화하길 권합니다.

♥ 형제가 많아서! 형제가 없어서!

아이가 사용하는 어휘나 말투에는 가족 구성원의 모습이 담겨 있습니다. 형제가 많은 아이가 사용하는 어휘는 그렇지 않은 아이가 사용하는 어휘보다 훨씬 거칠고 강합니다. 물론 형제가 많아도 고운 말을 사용하며 우애 있게 지내는 가정도 많습니다. 여기에서는 거친 말을 사용하는 습관을 가진 아이가 친구들에게 어떤 영향을 주는지 살펴보겠습니다.

가정에서 형제끼리 '꺼져!, 죽을래?, 맞을래?, *새끼!' 등과 같은 말을 사용하는 아이는 교실에서도 친구들에게 똑같이 말합니다. 특히 고학년 형제자매가 있으면 '헐!, 대박!' 같은 용어나 또래의 은어, 신조어도 쉽게 익혀 무의식적으로 내뱉습니다. 5~6학년 교실이라면 친구가 이런 말을 해도 놀라지 않고 자연스럽게 반응할 것입니다.

하지만 1학년은 거친 언어에 노출되지 않은 친구들이 생각보다 많습니다. '꺼져!, 죽을래?' 등의 말을 들으면 진지하게 받아들이고 심리적인 충격을 받습니다. 가족 구성원이나 주변인으로부터 그와 같은 말을 들어본 적이 없는 아이는 놀라서 펑펑 웁니다. 가정에서 예쁜 말, 고운 말을 사용하고 배운 대로 실천하는 아이들입니다. 상대방에게 나쁜 감정이나 악의를 품지 않고 이야기했더라도 그 파장이 생각보다 큽니다. 고운 말을 사용하도록 배우지만 일상생활에서 거친 말이 습관이 된 아이는 나쁜 친구가 되고, 교우 관계에도 영향을 줍니다. 고운 말을 사용하여 친구를 사귀도록 꾸준한 지도가 필요합니다.

♥ 고마워! 미안해! 괜찮아?

'고마워! 미안해! 괜찮아?'는 상대에게 자신의 마음을 가장 간단하고 명료하게 전달하는 표현입니다. 상대에게 특별한 도움을 받지 않아도 일상생활에서 당연한 것에 대한 고마움을 표현하는 습관을 가지면 좋습니다.

행동할 친구를 지명하지 않고 "뒷문을 닫아 주세요."라고 말했을 때 먼저 일어서서 움직이는 친구가 있으면 "문 닫아 줘서 고마워."라고 말합니다. 매번 줄을 서지 않고 선생님보다 앞장서 가던 아이가 어느 날 제자리에 서 있다면 "선생님이 말하기 전에 줄 서서 고마워."라고 말합니다.

 '고마워!'는 도움을 받았을 때만 하는 표현이 아니라 고마움을 느끼는 모든 순간에 말할 수 있어야 합니다. '나란히 걸어 줘서 고마워!', '말해 줘서 고마워!', '들어줘서 고마워!', '기다려 줘서 고마워!' 등 생활 속에서 수시로 주변인에게 고마움과 감사함을 표현하도록 합니다. '고마워!'라는 표현이 낯선 아이는 도움을 받고도 멀뚱거리거나 상대에게 고맙다는 말을 들었을 때 어떻게 반응해야 할지 몰라 머뭇거립니다. 고맙다고 표현하는 것도 중요하지만, 고맙다는 말을 들었을 때 적절한 언어적·비언어적 표현을 할 수 있어야 합니다.

 '미안해!'와 '괜찮아!'는 갈등 상황을 가장 빠르게 정리해 줍니다. '미안해!'라고 먼저 표현하면 친구가 '괜찮아!'라고 대답해 줍니다. 가끔 '괜찮아!'가 '미안해!'에 호응하는 기계적인 대답처럼 들릴 때도 있지만 싸움과 갈등의 끝에는 서로의 다친 감정을 회복하기 위해 필요한 표현입니다.

 '미안해!' 역시 자기가 진짜 무언가를 잘못했을 때만 하는 표현이 아니라 누군가에게 손해나 불편을 끼치는 모든 상황에서 말할 수 있어야 합니다. '기다리게 해서 미안해!', '먼저 가려고 해서 미안해!', '큰 소리 내서 미안해!', '못 들어서 미안해!' 등 생활 속에서 작은 일에도 '미안해!'를 먼저 하는 아이는 다툼 없이 생활합니다. 소소한 싸움과 갈등의 시발이 되는 상황에서 상대가 웃음과 함께 '괜찮아!'로 응대하면 쉽게 종결될 가능성이 큽니다.

'괜찮아?'를 들으면 자신이 상대에게 가치 있는 사람이고 존중받고 있다는 느낌을 받습니다. 상대방이 나를 걱정하고 나에게 '관심이 있구나!'라는 생각을 합니다. '고마워!', '미안해!'보다 사용 빈도가 낮은 표현이지만 '괜찮아?'를 통해 친밀감을 표현할 수 있습니다.

1학년은 친구가 내 앞에서 쿵 하고 넘어졌을 때 무슨 말을 할지 몰라 바라보기만 하는 경우가 많습니다. 때로는 선생님에게 알리려고 앞다투어 선생님을 찾습니다. '괜찮아?'하고 먼저 상대의 상태를 묻는 아이는 매우 드뭅니다. 인성의 문제가 아니라 경험의 부재로 인한 표현력 부족이라고 생각합니다. 이와 같은 상황을 겪어 보지 못한 상태에서도 '괜찮아?'라고 말하는 아이는 상대의 상황과 처지를 인식하고 있는 것입니다. 자신의 상황과 처지를 헤아려 주고 걱정해 주는 친구가 있다면 마음을 쉽게 열고 그 친구에게 친밀감을 느끼게 됩니다.

친구가 아파서 며칠 만에 등교했을 때, 수업에 참여하지 못하고 보건실에 다녀왔을 때, 부딪혔을 때 등의 상황에서 '괜찮아?'

라고 말해 주고 관심을 표현한다면 교우 관계에 좋은 영향을 줄 것입니다.

　말은 전염성이 강합니다. 모델링이 강한 1학년은 주변인의 말을 쉽게 따라 합니다. 거칠고 나쁜 말도, 바르고 고운 말도 학습으로 연결됩니다. 익숙해진 어휘나 문장은 반복할수록 강화되고 습관이 됩니다. 고운 말을 사용하고 예쁜 말투를 가진 아이의 주변에는 항상 친구가 많습니다. '고마워!, 미안해!, 괜찮아?'를 자주 말하는 습관을 가지면 좋습니다.

02
표현력이 좋은 말솜씨를 갖게 하려면

● × ÷ ＋

　학생은 일상생활에서 불편사항이나 요구사항을 스스로 표현하고 해결할 줄 알아야 합니다. 표현하지 않아도 친구가 알아서 해결해 주거나 챙겨 주지 않습니다. 상대에게 도움을 받으려면 먼저 자신이 하고자 하는 말을 정확하게 표현할 수 있어야 합니다. 구두 언어가 자연스럽지 못하면 자신이 겪은 일이나 생각과 느낌을 전달할 수 없기 때문에 관계면에서 어려움을 겪습니다.

　입학 즈음 아이들이 하는 말에는 주어가 없거나 목적어가 빠진 경우가 많습니다. 그래서 선생님은 말하기 연습을 위해 매일 아침 또는 매주 월요일마다 전날 있었던 일이나 주말에 있었던 일을 이야기하도록 합니다. 아이들은 신나서 발표하는데 주어나 목적어가 빠져 듣는 사람은 궁금한 것이 아주 많아집니다.

　평소에 육하원칙을 사용하여 말하면 표현력 향상에 도움이 됩니다. 언제, 어디에서, 누구와, 무엇을, 어떻게, 왜를 넣어서 질문해 주고 적절한 답을 찾아 문장으로 표현하는 훈련을 하면 자신이 말하고자 하는 내용을 쉽고 정확하게 전달할 수 있습니다.

"저는 캠핑을 갔다 왔습니다."라는 발표에 "언제?"라고 묻습니다.
"저는 금요일 저녁에 캠핑을 갔다 왔습니다."라고 보충해서 말하면 "어디로?"라고 묻습니다.
"저는 금요일 저녁에 산으로 캠핑을 갔다 왔습니다."라는 말에 "누구랑?"이라고 묻습니다.
"저는 금요일 저녁에 아빠랑 산으로 캠핑을 갔다 왔습니다."라고 대답합니다.

캠핑할 때 무엇을 했는지, 무엇을 봤는지, 어떤 소리를 들었는지, 기분은 어땠는지 등 꼬리에 꼬리를 무는 질문이 이어집니다. 간단한 문장으로 시작해서 점점 문장의 길이를 길게 늘려 이야기하도록 지도합니다. 이와 같이 육하원칙을 사용하여 질문하면서 대화하면 표현력이 눈에 띄게 달라집니다.

♥ 사실을 확인하는 대화

1학년은 친구와의 갈등이나 불편한 점을 이야기할 때 사건의 내막을 단번에 알아듣게 설명하지 못합니다. 선생님이 목격한 장면이라면 지도가 금방 이루어지지만 그렇지 않은 경우에는 사실 확인을 위한 절차를 거쳐야 합니다.

"지안이가 때렸어요."라고 말하면 "언제?"라고 묻습니다.
"아까 밥 먹으러 가려고 줄 설 때요."라고 대답하면 "어디를 맞았어?"라고 묻습니다.
"여기 팔이요."라는 대답에는 "어떻게 때렸어?"라고 묻습니다.

선생님은 관련 아이들의 대답을 종합해서 상황을 정확하게 인지한 후 오해를 풀어 주거나 원인을 파악하여 지도해야 합니다. 주먹으로 때렸는지, 손가락으로 찔렀는지, 손바닥으로 스쳤는지 등 자세히 묻습니다.

♥ 생각을 묻는 대화

　생각을 묻는 질문은 사고를 확장시켜 줍니다. 다양한 관점에서 겪었던 일을 되돌아볼 수 있고 일상생활의 여러 상황에서 처한 문제해결력을 길러 줍니다.

　"지안이가 너를 왜 때린 것 같아?"라고 생각을 묻습니다. 실수로 그런 것 같은지, 다른 원인이 있어서 그런 것 같은지 먼저 선생님에게 도움을 요청한 아이의 생각을 듣고 때린 친구의 이야기를 듣습니다.

　물론 때린 친구에게도 사실 확인을 위한 질문을 먼저 합니다. 왜 때렸는지 물으면 상황에 따라 여러 가지 이유가 있습니다. 장난하려고, 서 있는데 밀치고 가서, 수업시간에 자신을 기분 나쁘게 해서 등 나름의 이유가 있습니다. 때린 사실과 원인이 확인되면 갈등 해결을 위해 서로의 생각을 묻습니다.

　"어떻게 해결하면 좋을까?", "때리지 않고 어떻게 말해야 했을까?", "만약에 먼저 양보했다면 어땠을까?" 등 어떻게 하면 좋은지에 대한 생각을 물으면 대부분 스스로 답을 찾아 이야기합니다. 먼저 사과하겠다고 하기도 합니다. 선생님의 별다른 지도 없이 생각을 묻는 질문만으로도 갈등 상황을 쉽게 종결시킬 수 있습니다.

03
생활 속 문제해결력을 키우려면

● × ÷ ✚

시야는 눈을 통해 인지하는 감각이 형성되는 공간입니다. 아이들이 감각적으로 느끼는 시야는 매우 좁아서 고개를 돌려 주변을 둘러보고 시야를 확장시키는 연습이 필요합니다.

한 아이가 떨어진 연필을 찾습니다. 선생님 눈에는 오른쪽 책상다리 밑에 있는 연필이 보입니다. 하지만 아이는 책상의 오른쪽, 왼쪽을 모두 살펴보고도 연필을 발견하지 못하고 도움을 요청합니다. 선생님은 오른쪽 책상다리 밑을 보라고 안 보이면 책상을 움직여 보라고 이야기합니다. 두세 번 두리번거리고 연필을 줍습니다. 이런 상황은 교실에서 아주 흔한 일입니다.

"누가 자료함에 있는 매직 가져다줄 사람?"하고 물으면 서로 하겠다고 서너 명이 자료함으로 달려갑니다. 사전에 정확한 위치를 말해 주지 않고 심부름을 시키면 아이들은 자료함 근처에서 매직이 어디에 있는지 한참을 두리번거립니다. 선생님 눈에는 바로 보이지만 아이들 눈에는 쉽게 보이지 않습니다. 클레이 아래 칸에 있다고 익숙하게 사용했던 물건의 위치를 기준으로 다시 말해 주면 얼른 매직을 찾아서 가져다 줍니다. 평소 주변 환경에 관심이 많고 관찰을 잘하는 아이는 시야가 좁은 아이보다 행동이 민첩하고, 일의 수행 속도가 빠릅니다.

♥ 뒤로 좀 가라고!

시야가 좁고 자기중심적으로 사고하는 1학년이 교실 안에서 겪는 갈등 상황을 예로 들어보겠습니다.

앞뒤로 나란히 앉은 두 친구가 있습니다. 맨 앞자리와 두 번째 자리입니다. 쉬는 시간입니다. 앞자리 친구의 의자와 뒷자리 친구의 책상이 맞닿아 있어 앞에 앉은 아이가 자리가 좁다고 툴툴거립니다. 1학년은 책상 줄을 맞추기 위해 교실 바닥에 책상 다리의 위치를 표시해 둡니다. 앞자리 친구는 표시해 둔 자리에 맞춰 책상 줄을 맞추고 싶습니다. 그러다 보니 책상이 배에 닿아 불편합니다.

앞자리 친구가 끙끙거리며 뒷자리 친구의 책상을 뒤로 밀면서 말합니다.

"뒤로 좀 가라고!"

뒷자리 친구가 놀라 쳐다보지만 꼼짝하지 않습니다. 뒷자리 친구 뒤에는 책상 위에서 카드 놀이를 하는 친구들이 모여 있어서 뒤로 움직일 수 있는 공간이 없습니다.

"야, 뒤로 좀 제발 가라고! 나 자리 없다고!"

앞자리 친구가 목소리를 키우며 뒷자리 친구의 책상을 밉니다.

"나도 자리 없어!"

뒷자리 친구도 덩달아 앞자리 친구의 의자를 밉니다. 자칫하다 크게 싸울 것 같습니다.

이 모습을 보고 있던 선생님이 앞자리 친구에게 말합니다.

"네가 책상을 앞으로 밀면 문제는 해결될 것 같아. 앞을 봐라. 맨 앞에 앉아 있으니 책상을 네가 원하는 만큼 밀 수 있어. 앞에는 공간이 아주 많잖아. 쉬는 시간에 책상 줄 맞추려고 애쓸 필요는 없단다."

웃으면서 말해 주자 느낌표가 드러나는 표정으로 책상을 앞으로 밉니다. 뒷자리 친구도 금방 평온해집니다.

두 아이 모두 자기 입장에서 할 수 있는 최선의 방법을 이야기했습니다. 하지만 주변이나 상황을 보고 할 수 있는 것을 찾지 못합니다. 두 아이가 서로 배려하고 양보하지 못하는 이유는 보지 못하고 생각하지 못하기 때문입니다. 일상생활의 문제해결력은 주변과 상황을 넓게 보는 것에서부터 길러집니다.

♥ 나무를 볼까? 숲을 볼까?

주변을 잘 관찰하는 아이는 상황 판단력이 좋아 문제를 스스로 해결할 수 있습니다. 보는 것과 듣는 것, 느끼는 것이 모두 자기중심적인 아이들 속에서 일의 원인과 결과를 생각합니다. 상대를 배려하고 속 깊은 행동을 보이기도 합니다. 상황을 보고 문제를 해결하는 방법을 찾듯이 숲을 보고 나무를 살피는 사례가 있습니다.

학교 축제 때 1학년은 장기자랑, 만들기 부스 체험, 만화 영화 관람을 하기로 했습니다. 행사에 앞서 체험 부스를 선택하고 관람할 영화를 선정하는 시간을 가졌습니다. 각 교실 영화관의 좌석 수가 한정되어 있으므로, 경합일 경우 가위바위보로 결정하였습니다. 쉬는 시간 동안 확정된 명단을 칠판에 게시한 후 바꾸고 싶은 사람은 1:1로 친구와 협의하여 교체하도록 했습니다. 하교 전까지 선생님에게 둘이 함께 오면 바꿔 준다고 안내했습니다.

쉬는 시간이 되자 아이들이 칠판 앞으로 우르르 몰려나옵니다. 바꿀 의사가 없는 아이들도 칠판에 붙어서 자기 이름을 찾고 게시된 내용을 확인합니다.

"비켜! 안 보인다고!"

"나 지금 보고 있잖아!"라고 자기 입장을 이야기합니다.

그 순간 숲을 보는 아이가 말합니다.

"애들아, 키 작은 사람이 앞에 서자."

순간 아이들이 움직입니다. 투덜대는 아이는 없습니다. 이제야 서로를 바라봅니다. 숲을 보는 아이는 친구들의 선망을 받고 신뢰를 얻습니다.

1학년 같지 않은 성숙함이 돋보이는 상황입니다. 주변에 관심이 많고 관찰력이 좋은 아이는 상황 판단력이 빠릅니다. 시야가 확장되면 보이는 만큼 사고하는 영역이 늘어납니다. 상황을 읽을 수 있으면 다른 사람의 처지와 입장을 생각하고 배려해야 할 것이 보이기 시작합니다.

시야를 확장시켜 주변 환경뿐만 아니라 타인에 대한 이해심도 키우면 좋겠습니다.

04
핸드폰을 가지고 등교한다면

● × ÷ ✦

학교는 학생의 핸드폰 소지 및 사용에 관한 사항을 학생생활규칙에 명시하고 있습니다. 최근에는 교육활동침해를 예방하기 위해 전자기기 소지 및 사용에 관한 규정이 강화되어 학교 일과 중에는 핸드폰 전원을 꺼 두는 것을 원칙으로 합니다.

자녀가 입학하면 안전 확인과 스케줄 관리 등을 위해 핸드폰을 사 주는 학부모가 많습니다. 1학년은 일반적으로 핸드폰 가방을 구매하여 크로스로 메거나 가방 속에 보관합니다. 학교에서 학생이 핸드폰을 잃어 버렸을 경우 내부 메신저를 통해 전 학급에 알리고 빨리 찾을 수 있도록 협조를 구합니다. 핸드폰을 습득하면 사진과 함께 주인을 찾는 메시지를 전 학급에 발송합니다. 하지만 기본적으로 핸드폰 분실 책임은 학생에게 있습니다. 핸드폰을 소지할 때는 핸드폰에 이름 스티커를 붙이면 좋습니다.

　자녀에게 핸드폰을 사 주었다면 학교에서 핸드폰을 사용할 때 지켜야 할 예절을 꼭 가르쳐야 합니다. 핸드폰 분실과 책임에 관한 사항에 대해 이야기한 후에는 전원을 끄고 켜는 연습, 음소거를 설정하고 해제하는 연습을 해야 합니다. 아이가 학교에 있는 동안 부모가 전화하지 않으면 핸드폰 울릴 일이 없다고 생각되지만 교실에서 핸드폰은 생각보다 빈번하게 울립니다. 알림이 울리거나 광고 전화가 오기도 합니다. 1학년은 교실에 들어오기 전에 전원 끄는 것을 잊을 때가 있습니다. 교실에서 벨소리가 들리면 자기 핸드폰에서 나는 소리인지, 남의 핸드폰에서 나는 소리인지 쉽게 알지 못합니다. 친구들과 선생님의 주목을 받고서야 자기 핸드폰을 확인합니다. 무안함에 얼른 복도로 나가 전원을 끄고 들어옵니다.

　자녀의 안전한 등교 여부를 핸드폰으로 확인하고 인사한다면 통화를 마치기 전에 끝인사로 핸드폰 전원을 끄라고 이야기해 주면 좋겠습니다.

05
해야 할 일을 먼저 하게 하려면

● × ÷ ✚

입학을 하면 학생들의 생활 영역이 가정에서 학교로 확대됩니다. 하교 후 개인 일정이 있다면 또 다른 영역으로 생활 범위가 넓어집니다. 각 장소마다 정해진 시간에 해야 할 일이 있습니다. 하고 싶은 일과 해야 할 일 사이에서 갈등이 일어나고 선생님 또는 부모님과 실랑이를 벌이기도 합니다.

♥ 해야 할 일 먼저 하기

1학년은 개인 간 수행 속도의 차이가 매우 큽니다. 한 가지 활동을 제시했을 때 소근육의 발달 정도, 사고력의 차이, 기질적 특성 등에 의해 완료하는 데 걸리는 시간이 모두 다릅니다. 선생님은 속도가 빠른 친구들을 위해 보충 활동을 제시하거나 도우미 역할을 부여합니다. 일반적으로 해야 할 일과 하고 싶은 일을 구분하고, 해야 할 일을 먼저 한 후에 하고 싶은 일을 하도록 허용합니다.

    수업시간에 고누 놀이를 합니다. 고누판에 바둑돌을 올려놓고 친구의 바둑돌을 가두려고 이리저리 생각합니다. 처음 배우는 놀이라 흥미 있게 참여하고 경쟁심이 강한 아이는 상대를 번갈아 가면서 여러 번 놀이를 반복합니다.
    쉬는 시간이 되었습니다. 고누판과 바둑돌을 정리하고 다음 시간을 준비합니다. 다음 시간에는 색칠하는 활동을 합니다. 선생님이 수업을 진행하고 학습지를 나눠 주는데 한 아이가 갑자기 선생님 앞으로 나옵니다.
    "선생님, 저는 고누 놀이 더 하고 싶어요." 고누 놀이가 정말 재미있었나 봅니다. "지난 시간에는 고누 놀이가 해야 할 일이었는데, 이 시간에는 고누 놀이가 하고 싶은 일이 되었어."라고 이야기해 줍니다. 이 시간에 해야 할 일은 색칠, 하고 싶은 일은 고누 놀이라고 정확하게 알려주고, 일찍 끝난 친구들은 고누 놀이를 할 수 있도록 고누판과 바둑돌이 놓여 있는 위치를 안내합니다.

적응기간에 아이들은 유치원에서 놀이물품을 가지고 놀았던 습관이 아직 몸에 배어 있습니다. 유치원에서는 놀이시간에 하고 싶은 놀이용품을 골라 자유롭게 활동합니다. 다른 놀이를 하고 싶으면 다른 물품을 꺼내어 놀 수 있는 시간이 많습니다. 그러나 학교는 정해진 시간에 정해진 활동을 해야 합니다. 다음 수업을 위해 마무리해야 하는 시간도 정해져 있습니다. 해야 할 일을 먼저 수행한 후 하고 싶은 일을 하도록 지도해야 합니다.

♥ 우선순위 정하기

학교에서는 선생님이 엄격하게 해야 할 일을 먼저 하도록 지도합니다. 아이는 가정에서 해야 할 일과 하고 싶은 일 사이에서 고집을 부리거나 투정을 부릴 수 있습니다. 이때 일의 우선순위를 정해 놓고 아이가 잘 보는 곳에 게시해 두면 부모의 잔소리를 줄일 수 있습니다. 또한, 자주성을 길러 주도적인 학생으로 성장시킬 수 있습니다.

먼저, 하교 후에 아이가 해야 할 일에 대해 이야기 나눕니다. 해야 할 일은 옷 갈아입기, 샤워하기, 저녁 먹기, 양치하기, 알림장 확인하기, 책가방 챙기기, 기타 개인 일정 등이 있을 것입니다. 해야 할 일 중 무엇을 먼저 하고 어떤 일을 나중에 할지 우선

순서를 정합니다. 하고 싶은 일도 생각하여 융통성 있게 끼워 넣습니다. 아이의 눈높이에 맞춰 거실에 게시하고, 끝낸 일에는 스티커를 붙이거나 동그라미를 표시합니다.

 보상은 특별히 준비하지 않아도 됩니다. 아이는 매일 하고 싶은 일을 할 수 있다는 것, 자유시간이 있다는 것만으로 만족감을 느끼고 그 시간을 충분한 보상이라고 생각할 것입니다. 습관이 될 때까지 매일 대화하고 작성하는 것이 좋지만 주 단위 또는 월 단위로 작성해도 괜찮습니다. 하고 싶은 일의 칸은 비워 두고 매일 기분이나 컨디션에 따라 자신이 하고 싶은 일을 메모해도 좋습니다.

06
사회성 발달을 돕고 싶다면

● × ÷ ✛

　혼자 또는 형제들끼리 노는 것보다 가족과 함께하는 놀이를 즐겨할 것을 권합니다. 아이는 가족 놀이를 통해 여럿이 하는 놀이에는 규칙과 방법이 있고, 규칙을 지켜야 한다는 것을 자연스럽게 습득합니다. 부모와 대화하면서 놀이과정에서 겪게 되는 갈등을 해결하거나 조절하는 방법을 익히게 됩니다. 지나친 승부욕에 격한 감정을 분출하거나 상처 입은 감정을 해소하는 방법도 터득하게 되어 감정 조절력도 향상됩니다. 부모는 자녀의 기질을 쉽게 파악할 수 있습니다.

♥ 경쟁 놀이와 협동 놀이

　어떤 놀이를 하느냐에 따라 즐거움이 배가 되기도 하고, 즐기기 위해 시작한 놀이가 갈등으로 끝나기도 합니다. 따라서 경쟁심을 부추기는 놀이보다 존중과 배려를 배울 수 있는 협동 놀이를 권합니다.

경쟁 놀이에는 주로 점수를 내는 스포츠 경기가 있습니다. 경쟁하는 분위기 속에서 재미를 느끼게 되면 협동보다는 독단으로 결정하고 진행하는 경우가 많습니다. 잘해도 자기 탓, 못해도 자기 탓으로 돌리게 됩니다. 이기는 것은 좋다, 지는 것은 나쁘다의 양면적인 생각으로 자신과 상대를 평가합니다. 승패에 민감하게 반응하여 열등감이나 우울감을 느끼면서 놀이를 끝내기 쉽습니다. 승리에 집착하기보다 놀이 중 상대를 존중하고 자신의 기능이 발전되고 있음을 느끼도록 정서적인 면을 북돋아 주는 것이 필요합니다.

협동 놀이는 공동의 목표가 있고 규칙에 따라 역할을 정하여 조직적으로 진행됩니다. 주로 시장 놀이, 병원 놀이 같은 상상 역할 놀이가 협동 놀이에 해당됩니다. 역할 놀이는 다른 사람의 말이나 상황에 집중하고, 그에 따라 자신의 역할이 무엇이지 생각하며 행동해야 하기 때문에 의사소통 능력과 문제해결력을 길러 줍니다. 공동의 목표가 있으므로 상황에 따라 자신의 역할을 조정하기도 하며 서로 도움을 주고받는 과정에서 상대에 대한 이해와 배려심을 갖게 됩니다.

♥ 끝말잇기

　효과적인 의사소통을 위해서는 다양한 어휘를 알아야 합니다. 어휘력과 표현력 향상을 위한 놀이로 끝말잇기를 권합니다.

　끝말잇기는 받침이 없는 글자부터 시작하는 것이 좋습니다. 아이의 한글 익힘 수준에 따라 받침이 있는 글자를 혼용할 수 있습니다. 맞춤법에 맞게 쓸 수 있어야 정확한 끝말잇기가 가능하므로 한글 학습의 기회로 삼을 수 있습니다.

　낱말로 끝말을 잇지 않아도 허용하는 분위기를 만들면 좀 더 다양하고 즐겁게 놀이할 수 있습니다. 의성어나 의태어도 괜찮고, 문장으로 연결해도 좋다고 허용해 주면 아이의 상상력이 살아납니다. 또한, 평소 아이가 사용하는 어휘의 수준이나 문장 구사력을 확인할 수 있습니다.

　끝말잇기를 할 때마다 가족과 협의하여 규칙을 변경하면 다른 사람과 의견을 조율하는 방법을 익히게 됩니다. 허용하지 않는 끝말을 정하면 재치 있고 창의적인 표현도 할 수 있습니다. 끝말잇기는 가족이 화합하고 즐거운 분위기에서 자녀의 어휘력과 표현력을 신장시킬 수 있는 놀이입니다.

우리 아이 첫 학교

CHAPTER 03

배움과 성장

학생편

적응기간에 학교생활에 필요한 규칙과 규범을 배웠습니다.
학습에 필요한 기본 자세와 기초 생활 습관도 익혔습니다.
학습을 시작할 준비를 마쳤다면
바른 자세로 수업에 참여하고, 원만한 교우관계를 맺으면서
배움의 즐거움을 느끼도록 합니다.

적응 기간을 마치면 본격적인 교과 학습이 시작됩니다.
선생님은 학생다움을 기대하며 수업을 준비합니다.
다양한 활동으로 수업 기법을 풀어낼 때
학생들은 처음 경험해 보는 내용을
흥미 있게 받아들입니다.
교과 수업과 관련된 학교생활의 이모저모를 살펴보겠습니다.

01
교과서를 다룰 때

● × ÷ ✚

　초등학교 교육과정은 교과와 창의적 체험활동으로 운영되는데 저학년에서는 한글 해득, 안전교육, 신체활동 강화에 중점을 둡니다. 1~2학년 교과는 국어, 수학, 바른 생활, 슬기로운 생활, 즐거운 생활이 있고 창의적 체험활동은 자율·자치 활동, 동아리 활동, 진로 활동 세 영역이 있습니다.

　교과서 없이 학습하는 창의적 체험활동은 학생의 자기 주도성과 선택을 기반으로 학교의 자율적인 설계와 운영을 강조합니다. 자율·자치 활동은 자율 활동과 자치 활동, 동아리 활동은 학술 문화 및 예술 활동과 봉사 활동, 진로 활동은 진로 탐색 활동과 진로 설계 및 실천 활동으로 구성되어 있습니다.

　초등 저학년은 학년 특성에 맞게 교과와 연계한 활동이 많고 모든 교육 활동을 통해 학생이 기본 생활습관, 기초 학습능력, 바른 인성을 함양하도록 지도합니다.

♥ 1학년 교과서

[입학 초기 적응교재]

입학 초기 적응교재는 지역교육청에서 발행합니다. 지역마다 교재의 명칭은 다르나 내용은 대동소이합니다. 우리 교실과 학교에 대해 익히고 학교생활안전과 교통안전에 관한 내용을 배웁니다. 인사 예절을 익혀 상호 존중하면서 친구 사귀는 방법을 알아갑니다. 학용품을 사용하는 올바른 방법을 익혀서 그리기와 색칠하기를 합니다. 오리고 붙이는 등의 기본 활동으로 교실 환경을 꾸미고 분리수거하는 방법도 배웁니다. 또한, 서로 돕고 양보하는 마음으로 다양한 놀이를 할 수 있게 구성되어 있습니다. 선생님은 다양한 전래 놀이와 숫자 놀이, 말 놀이, 몸 놀이를 통해 학생의 신체와 사회성 발달 정도를 점검하고 기본 학습력을 확인합니다.

개정 교육과정에서는 적응 기간에 입학 초기 적응교재의 내용과 함께 한글 해득을 위한 국어 시간, 학교 적응을 위한 통합 시간을 포함하여 운영합니다. 교과와 창의적 체험활동을 통해 학교생활의 적응을 돕습니다.

[국어와 국어 활동]

국어는 주교과서, 국어 활동은 보조 교과서입니다. 국어는 학기별로 가, 나로 분권되어 두 권이고, 국어 활동은 한 권입니다. 국어는 단원 도입, 준비, 기본, 실천, 정리의 학습 순서를 따르고, 국어 활동은 기본 학습 연계활동과 글씨 쓰기 등의 기초를 다지는 학습으로 구성되어 있습니다. 그래서 국어 활동은 국어시간에 학습한 내용을 확인하고 점검하며 연습할 때 활용합니다. 국어와 국어 활동을 동시에 펼쳐 놓고 수업하지는 않지만 한 시간에 국어와 국어 활동을 모두 사용할 수 있습니다.

[수학과 수학 익힘]

수학은 선생님과 함께 공부하는 교과서, 수학 익힘은 학습한 결과를 스스로 점검해 보는 워크북으로 활용하는 교재입니다. 수학과 수학 익힘은 학기별로 한 권씩 발행됩니다. 교사의 판단에 따라 수학 교과서를 마친 후 수업 마무리 활동으로 수학 익힘을 활용하거나, 학습자료가 추가로 필요할 때 수업시간에 활용할 수 있습니다. 수학 익힘 뒤에는 답안지가 첨부되어 있어 스스로 배운 내용을 확인하도록 과제로 제시될 수 있습니다. 다만, 1학년 1학기는 문해력의 한계로 인해 선생님이 문제를 읽어 주어야 하므로 수업시간에 활용할 가능성이 높습니다.

[통합]

통합은 바른 생활, 슬기로운 생활, 즐거운 생활 등 세 교과의 성취기준을 중심 주제로 통합하여 단원을 구성한 주제별 교과서를 사용합니다. 한 달에 한 주제씩 공부하도록 8개의 교과서가 있는데 1학기에는 학교, 우리나라, 사람들, 탐험을 공부하고 2학기에는 하루, 약속, 상상, 이야기를 배웁니다. 교과서 학습 순서는 학교나 선생님에 따라 다를 수 있습니다.

[한글 보충 교재]

한글 보충 교재는 한글책임교육 지도자료로 지역교육청에서 발행합니다. 한글의 과학적인 창제 원리를 이해하고 체계적으로 익힐 수 있도록 교사의 직접 시범과 학생들의 활동으로 구성되어 있습니다. 학급 학생들의 한글 익힘 수준에 따라 한글 수업에 주교재 또는 부교재로 활용하거나 보충 지도하는 학생을 대상으로 활용합니다.

♥ 통합 교과의 이해

　개정 교육과정에서는 학교의 교육과정 자율성을 강조하고 전문성을 발휘한 교사 교육과정을 권장합니다. 교사 교육과정이란 국가, 지역, 학교 교육과정을 바탕으로 교사의 철학과 학생의 특성, 학년과 학급의 상황을 반영하여 학생들과 함께 만들어 가는 교육과정을 말합니다. 그래서 안내서와 자료의 역할을 하는 교과서 그대로 학습하기도 하지만 교사와 학생이 함께 새로운 내용을 구성하여 수업하기도 합니다. 수업계획을 세울 때 학생의 의견과 희망을 반영하여 학급마다 자율적으로 수업을 할 수 있다는 것입니다. 같은 주제로 수업을 하지만 활동 내용과 구성은 학급마다 다를 수 있으므로 '옆 반에서는 이런 활동을 하던데 우리 반은 왜 하지 않나요?' 등의 질문은 바람직하지 않습니다.

　바른 생활은 실천 경험 중심, 슬기로운 생활은 탐구 경험 중심, 즐거운 생활은 놀이 경험 중심으로 활동합니다. 성취 기준을 통합하여 운영하므로 주제를 중심으로 실천, 탐구, 놀이 활동을 골고루 혼합하여 수업을 구성합니다. 평가 역시 세 교과를 통합하여 실시하므로 생활통지표에 국어와 수학 평가란은 구분하여 기록하고 바른 생활, 슬기로운 생활, 즐거운 생활은 통합하여 한 칸에 평가 결과를 입력합니다.

♥ 분실 시 구매 방법

교과서는 학기가 시작되기 전에 한 번 무상으로 제공합니다. 교과서를 분실했을 때는 개인이 구매해야 하므로 소중히 다루어야 합니다. 학기 중에 전학을 오고 가는 상황에도 교과서를 잃어버리지 않도록 잘 챙겨야 합니다.

교과서를 분실하면 인터넷이나 교과서 판매서점을 통해 구매할 수 있습니다. 한국교과서쇼핑몰(https://www.ktbook.com)에서 초·중·고등학교의 국정, 검정, 인정 교과서를 온라인으로 구매하거나 방문 구매가 가능한 판매 서점의 이름과 위치를 알 수 있습니다.

학교는 홈페이지의 공지사항이나 알림 마당을 통해 구매처를 안내하고 있으니 확인하시기 바랍니다.

02
알림장 활용 방법

● × ÷ ✛

    1학년 알림장은 학부모를 대상으로 작성합니다. 부모는 매일 알림장을 확인하고 준비해야 할 것들을 챙겨 주어야 합니다. 부모가 알림장 확인하는 것을 놓치면 자녀가 학교생활에 불편함을 겪습니다. 담임 선생님은 학급 SNS를 통해 매일 알림장에 기록한 내용을 탑재합니다.

♥ 주도적인 학습의 시작

    교육과정상 1학년 1학기는 학생들이 한글을 배우기 시작하는 시기로 쓰기 교육을 지양합니다. 따라서 담임 선생님은 학급 학생들의 한글 익힘 수준과 문해력 실태를 고려하여 알림장 쓰는 시기를 결정합니다.

적응기간에는 학생들이 알림장을 직접 쓰지 않고 선생님이 출력하여 공책에 붙여 줍니다. 이는 학생이 직접 집에서 알림장을 확인하는 습관을 입학 초부터 기르도록 하기 위함입니다.

학생이 알림장을 직접 확인하고 다음 날 학교생활을 준비하는 일은 중요한 기본 학습 훈련 중 하나입니다. 주도적인 습관을 기르기 위해 매일 저녁 가정에서 알림장을 확인하는 시간을 정해 놓고 정한 시간에 확인하길 권합니다. 아이가 한글을 알든지 모르든지 부모와 함께 손가락으로 짚어 가며 읽고 확인하는 시간을 갖는 것이 중요합니다. 선생님은 알림장을 쓸 때 안내하는 항목마다 번호를 부여합니다. 부모와 함께 기록된 내용을 순서대로 읽고 확인과 준비를 마친 내용의 번호에는 O표를 합니다. 모든 항목에 O표가

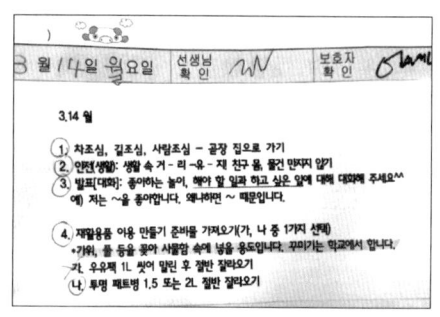

되었을 때 다음 날 학교생활을 위한 가방 챙기기가 끝납니다.

매일 정해진 시간에 규칙적으로 무언가를 하고자 할 때는 열정과 노력이 필요합니다. 귀찮고 번거로운 일이지만 부모와 함께 알림장을 확인하면 자녀가 자율적이고 주도적인 습관을 형성하는 데 큰 도움이 됩니다. 자녀가 글을 알고 스스로 할 수 있을 때까지 지

속적으로 함께해야 습관이 형성됩니다. 초등학교 6년 동안 부모의 잔소리 없이 자율적으로 학교생활을 준비하는 학생이 되길 바란다면, 집에서 반드시 알림장 확인하는 습관을 갖도록 해야 합니다.

♥ 알림장 활용하는 법

알림장은 일방적인 전달이나 통보만을 위한 목적으로 사용하지 않습니다. 소통의 창구로도 활용할 수 있습니다. 학교에서는 매일 정해진 시간에 알림장을 씁니다. 주로 급식 후 점심시간이나 하교 전에 기록합니다. 선생님은 학생들이 맞게 썼는지 개별로 확인합니다. 매일 자녀의 알림장을 보는 사람은 학생, 학부모, 담임 선생님입니다. 부모가 선생님에게 전할 간단한 메모나 질문을 알림장에 적어 보내면, 선생님이 읽고 답변을 써 줍니다.

또한, 알림장으로 자녀의 일정을 쉽게 관리할 수 있습니다. 알림장 안쪽 표지에 하교 후의 일정을 표로 만들어서 붙여 놓으면 됩니다. 매일 아침 오늘은 방과후학교 무슨 부서를 가야 하는지, 어느 학원을 가야 하는지 이야기하지 않아도 하교 전에 스스로 확인하고 이동할 수 있습니다. 선생님이 모든 아이의 방과후 일정을 기억하고 챙길 수는 없지만 알림장에 붙인 일정표를 보고 도움을 줄 수 있습니다. 일정이 바뀐 날은 알림장 해당 요일 칸에 변경된 내용을 메모해 주면 됩니다. 선생님이 알림장을 확인하면서 다시 한번 읽어 주고 안내할 수 있습니다.

월		화, 목	
4교시	~1:00	5교시	~1:50
미술학원	1:15~2:15	바둑부(4층)	2:00~2:40
배드민턴(강당)	2:40~3:30	미술학원	2:50~3:50
태권도	4:20~5:10	태권도	4:10~5:00
♥배드민턴하고 배 많이 고프면 집에 와서 간식 먹고 태권도 가기			

수		금	
4교시	~1:00	5교시	~1:50
도서실(2층)	1:15~2:35	바둑부(4층)	2:00~2:40
배드민턴(강당)	2:40~3:30	도서실(2층)	2:40~3:10
태권도	4:00~4:50	미술학원	3:10~4:10
미술학원	5:10~6:10	태권도	4:30~5:20
♥배드민턴하고 배 많이 고프면 집에 와서 간식 먹고 태권도 가기			

알림장 표지 안쪽에 요일별 일정표를 붙여 두어요.　　변경된 일정은 메모해 주세요.

　마지막으로 부모의 사랑을 전할 수 있습니다. 사랑이 담긴 간단한 메모가 적힌 날에는 행복한 마음으로 알림장을 씁니다. 아이는 마음을 담아 부모님께 짧은 답장을 쓰기도 합니다.

　알림장으로 대화하면서 정서적 안정을 얻고 부모의 사랑을 느낄 수 있도록 적극적으로 활용하길 바랍니다.

03
받아쓰기 연습 방법

● × ÷ ✚

　한글책임교육에서는 1학년 1학기에 받아쓰기를 권장하지 않습니다. 2학기부터 받아쓰기를 시작하는데 듣기와 쓰기 능력을 향상시키기 위해 다양한 방법으로 운영합니다. 수업시간에 배운 낱말을 간단히 확인하는 받아쓰기를 자주 하지만 급수표를 활용하기도 합니다.

♥ **받아쓰기 연습하는 방법**

　선생님은 받아쓰기 급수표를 여름방학 전에 배부하여 방학 동안 아이들이 연습할 수 있게 합니다. 받아쓰기를 할 때에는 띄어쓰기와 문장 부호를 포함하여 연습해야 합니다. 1학기에는 마침표, 쉼표, 느낌표, 물음표를 익히고, 2학기 때는 큰따옴표와 작은따옴표를 학습하므로 문장 부호도 바르게 사용하는지 확인합니다.

받아쓰기 공책은 띄어쓰기 확인이 쉽도록 주로 10칸 공책을 활용합니다. 대부분의 선생님은 10칸 공책을 가로로 놓고 받아쓰기하므로 공책을 가로로 놓고 연습하면 좋습니다.

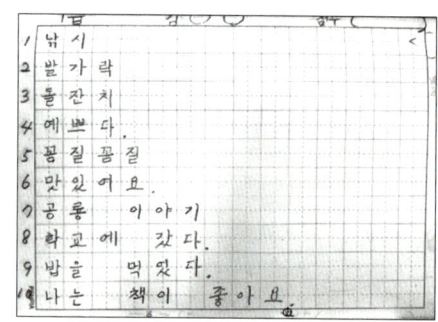

급수표를 활용할 때는 한 주에 한 급수씩 받아쓰기를 합니다. 학기 중에는 하교 후 일정이 많고 가족 행사도 참석해야 해서 연습할 시간이 많지 않습니다. 방학 전에 급수표를 받았다면 여름 방학을 활용하여 충분히 연습하도록 합니다.

♥ 성취감과 열등감

받아쓰기는 듣기와 쓰기 능력을 향상시키는 효과적인 방법이지만, 1학년 학생들이 가장 스트레스를 받는 활동입니다. 연습한 만큼 결과가 드러나므로 성취감을 느끼고 자존감을 높이는 효과가 있습니다. 하지만 점수에 예민하게 반응하여 열등감에 빠지거나 자기 실력에 도취되어 상대를 배려하지 못하는 등 정서 관리에도 주의해야 합니다. 이번 급수 시험에서 만점을 맞았다 해도 다음 급수를 연습하지 않으면, 여러번 연습했더라고 당일 아침에 확인하지 않으면 만족스러운 결과를 얻기 힘듭니다. 받아쓰기는 당일 아침에 연습하는 것이 가장 효율적입니다.

  1학년은 매번 점수를 확인할 때마다 일희일비하는 경향이 있습니다. 자신의 노력과 결과의 호응 관계를 알고 성실하게 준비하는 자세에 중점을 두어 학습 습관을 다지는 기회로 삼는 것이 좋습니다.

04
일기 쓰기를 할 때

● × ÷ ✚

일기는 낱말 단위의 쓰기에서 문장 단위의 쓰기로 글쓰기 수준을 높여 줍니다. 날마다 겪은 일에 대한 자기의 생각과 느낌을 정리하여 표현력을 향상시킵니다. 일기 쓰기를 통해 자신을 이해하고, 자신과 관계를 맺고 있는 사람이나 환경에 대한 긍정적 시각을 갖도록 해야 합니다.

♥ 교육과정 속의 일기 쓰기

1학년은 1학기 동안 한글 학습을 통해 낱말 중심으로 쓰기를 하고, 기본적인 문장 부호를 익혀 문장을 알맞게 소리 내어 읽는 활동을 합니다. 2학기에는 자신의 경험이나 생각을 바른 자세로 발표하고, 겪은 일을 글로 표현하는 공부를 합니다. 3단원에서 하루 중 기억에 남는 일을 떠올려 그림일기를 쓰는 활동을 하는데 이를 통해 글쓰기의 과정을 익히게 됩니다.

그림일기를 쓰기 위해서는 자기에게 의미 있는 장면을 선정하고, 있었던 일을 문장으로 나타낼 수 있어야 합니다. 한글 쓰기 공부가 문장 수준으로 확대되어 표현력을 키우는 기회로 삼으면 좋습니다. 그림일기 쓰기를 지도할 때는 그림의 높은 완성도를 강조하지 않고, 겪은 일을 서너 문장 정도로 생각과 느낌이 드러나게 자유롭게 표현하도록 해야 합니다.

2학년 1학기에는 사건을 기록하고 자신의 감정이나 느낌을 자세하고 생생하게 기록하는 글쓰기를 합니다. 1학년 때보다 심화된 쓰기 학습으로 일상생활에서 겪은 일 중 가장 쓰고 싶은 일을 글로 표현할 때 그림을 제외하고 문장으로만 일기를 완성합니다. 겪은 일을 떠올려 내용을 자세히 구성하는 방법을 알고 생각과 느낌을 표현하는 다양한 어휘와 표현 방법을 익혀 글쓰기에 활용하게 됩니다.

일기를 쓰는 과정은 자신을 이해하고 일기를 쓰는 동안 마음이 치유되는 경험을 갖도록 해 줍니다. 일기 쓰기는 상대를 고려하는 대화 방법과 배려하는 태도를 배우고, 상대의 기분을 생각하여 친밀한 인간관계를 유지할 수 있도록 자기 성찰에 중점을 두는 글쓰기 활동입니다. 이 시기에 일기 쓰기가 습관이 되도록 지속적으로 점검해 주면 좋습니다.

♥ 점검은 선생님마다 달라요

1학년은 한글 학습을 충분히 했더라도 생각이나 느낌을 말로 표현하는 데 도움이 필요하고, 문장의 구성을 자연스럽게 연결하여 글로 쓸 때 어려움을 겪는 경우가 많습니다. 구두 언어와 문자 언어를 자연스러운 문장으로 표현하려면 아직은 많은 시간이 필요합니다. 그래서 학기 중 그림일기 쓰기 학습을 마치면 선생님은 학급 학생들의 실태를 고려하여 지속적으로 일기 쓰기를 지도하고 점검할 것인지, 개인별로 권장할 것인지를 고민하는 시간을 갖습니다.

담임선생님의 일기 점검 방법은 학급 실태나 교사의 교육적 가치관에 따라 다른데, 일기 점검을 매일 하기도 하고 학생들과 협의하여 일주일에 한두 번 할 수도 있습니다. 일기는 보여주고 확인받기 위한 글이 아니므로 학생 인권을 떠올려 개인적인 일로 다루고 점검하지 않을 수도 있습니다.

학급의 글쓰기 지도는 개인 일기 쓰기 외에 독서록이나 모둠 일기 쓰기, 주제 글쓰기 등 다양한 방법으로 이루어집니다. 다른 글쓰기를 중점으로 학급을 운영하는 선생님이라면 개인 일기 쓰기는 자율에 맡길 수 있습니다. 학급 실태와 교육관을 반영하여 담임선생님이 일기 점검 여부를 결정했을 때 이를 존중하는 자세가 필요합니다. 선생님의 점검 여부와 상관 없이 자기 성찰에 목적을 두고 자율적으로 꾸준히 일기 쓰는 습관을 갖도록 가정에서 노력하는 것이 좋습니다.

05
줄넘기를 준비할 때

● × ÷ ✚

줄넘기는 1학년이 즐겁게 할 수 있는 운동 중 하나입니다. 손으로 줄의 양쪽 끝을 잡고 회전시켜 줄이 바닥에 내려오는 시간 차이를 감각으로 느끼고 뛰어야 합니다. 눈과 손발의 협응력을 기를 수 있고 성장판을 자극하여 신체 발달에 도움을 줍니다.

♥ 줄넘기를 가져올 때는

학교에서 줄넘기를 가져오라고 하면 당일에 문구점에서 구매하여 포장된 상태 그대로 들고 오는 경우가 있습니다. 줄넘기는 아이의 신체에 맞게 줄을 조절해서 사용해야 하므로 최소 하루 전에 구매해서 준비해야 합니다.

줄을 조정하기 위해서는 안에 있는 캡을 열어 길이를 맞춰야 합니다. 줄의 가운데를 밟고 줄의 끝이 명치에서 배꼽 중간 정도 오도록 길이를 조절합니다. 이때 남은 줄을 손잡이 안으로 마구 밀어 넣으면 줄 꼬임의 원인이 되고, 밀어 넣은 줄의 좌우 균형이 맞지 않아 사용할 때 불편합니다. 여분을 적당히 남기고 깔끔하게 잘라서 길이를 조절하는 것이 좋습니다.

♥ 줄넘기 급수제

지역이나 학교에 따라 줄넘기 급수제를 운영하기도 합니다. 모둠발 뛰기, 한 발 뛰기, 2단 뛰기 등 다양한 줄넘기 종목을 연습합니다. 등급에 따라 학년별로 통과 기준을 정해 놓고 자유롭게 도전합니다. 학교마다 등급 기준이 다르므로 안내장을 받으면 확인하고, 자기의 체력과 신체 조건에 맞게 꾸준히 연습합니다. 부모는 자녀가 도전의식을 갖고 참여하여 성취감을 느낄 수 있도록 응원해 주기 바랍니다.

06
평가에 포함되는 것들

● × ÷ ＋

학생평가는 다양한 도구와 방법으로 이루어집니다. 지필, 면접, 질문지, 관찰, 작품 분석, 체크리스트, 포트폴리오 등을 통해 학생 개개인의 성취 목표 도달 여부를 확인합니다. 평가 결과는 가정에 안내하고 수업의 질 개선을 위한 자료로 활용합니다.

♥ 평가 방법

평가 방법에는 진단평가, 형성평가, 수행평가가 있습니다. 진단평가는 3학년부터 실시하는데 읽기, 쓰기, 셈하기 영역에서 성취 정도를 확인하고, 도달하지 못한 학생은 학부모의 동의를 얻어 하교 후에 보충 수업을 합니다. 형성평가는 교과별, 단원별, 차시별로 실시할 수 있고, 결과에 따라 수업시간 중 개별 보충이나 심화활동을 합니다. 과정 중심 수행평가는 참여형 수업과 연계하여 수시로 실시합니다. 이렇게 다양한 방법으로 평가를 하는데, 평가에는 수업 준비 자세나 참여 태도까지 포함됩니다.

♥ 수행평가 예고제

학년별 수행평가 계획은 학기 초에 안내장으로 발송됩니다. 안내장을 통해 교과별로 평가 관련 단원 및 영역, 성취 기준, 평가 시기 등을 확인할 수 있습니다. 평가 기준 사전 예고는 학생이 학습목표를 정확하게 인지하도록 도와줍니다. 학생은 평가 기준에 맞게 주도적인 학습 능력과 문제해결력을 키워 성취감과 자신감을 얻게 됩니다.

♥ 과정 중심 수행평가

과정 중심 수행평가는 사전 예고, 수업 참여, 수행과정 평가, 결과 확인 및 가정 피드백의 단계를 가집니다. 가정 피드백은 학부모가 자녀의 성취 기준 도달 결과와 전반적인 수업과정을 알고 수업 참여도, 협력도, 열성도를 골고루 살펴볼 수 있게 정보를 제공합니다. 가정 피드백의 시기 및 횟수는 담임 선생님이나 담당 교과 선생님이 직접 결정합니다. 평가가 끝날 때마다 수시로 가정 피드백을 하기도 하고, 분기별로 할 수도 있습니다. 또는 같은 학년 선생님이나 학교 선생님들 간 협의를 통해 학기에 한 번만 하기도 합니다. 통지표 발송과 함께 개인 포트폴리오를 첨부하여 피드백을 받습니다.

자녀의 통지표나 포트폴리오를 받았다면 결과보다 과정에 중점을 두고 수업 태도나 참여 자세에 관해 대화하는 것이 좋습니다.

07
교과와 관련된 경험들

● × ÷ ✚

선생님은 수업의 도입 단계에서 학생들의 관심과 흥미를 유발하기 위해 노력합니다. 이를 위해 가장 흔히 하는 질문은 주제와 관련된 경험을 이야기하는 것입니다. 교과와 관련된 경험이 풍부한 학생이 수업에 집중하고 흥미롭게 참여합니다.

국어는 1학기에 바른 자세로 말하고 듣는 학습부터 시작합니다. 글자나 낱말, 문장 읽기와 쓰기, 문장 부호를 배우고 짧은 글이나 말놀이를 통해 말의 재미를 느끼도록 구성합니다. 그래서 관련 경험을 묻는 활동보다 한글 익힘 중심의 진시 학습을 상기시키는 내용으로 수업을 시작합니다. 2학기에는 좀 더 다양한 글을 읽고, 글쓴이의 마음과 인물의 마음을 생각하며 자신의 생각이나 느낌을 표현합니다. 이때 선생님은 주로 글의 내용과 관련된 경험을 묻습니다.

수학은 단원 도입 삽화를 살펴보면서 이야기를 듣습니다. 이야기 속에서 수업과 연계된 경험 말하기를 합니다.

통합은 주제와 관련된 다양한 활동을 하기 전에 관련된 경험을 풍부하게 묻습니다. 주로 계절과 관련된 관찰활동이나 놀이 경험에 대해 폭 넓게 이야기 나눕니다.

♥ 1학기

[국어시간에 묻는 경험]

- 놀이공원이나 놀이터에 가 본 일
- 연못이나 호수에 가 본 일
- 놀이 기구를 타 본 일
- 캠핑장에 가 본 일
- 시장(채소 가게, 과일 가게, 생선 가게)에 가 본 일
- 도서관에 가 본 일

[수학시간에 묻는 경험]

- 바둑돌, 수세기 칩, 연결모형, 쌓기 나무로 놀았던 일
- 학교 오는 길에 본 것
- 순서대로 줄을 선 일
- 공원에 가 본 일

- 딱지치기 놀이를 했던 일
- 고리 던지기 놀이를 했던 일
- 식물을 관찰하거나 키워 본 일
- 꽃밭, 딸기밭에 가 본 일
- 돗자리를 사용해 본 일

[통합시간에 묻는 경험]

학교	• 입학식에서 가장 기억에 남는 일 • 여러 사람이 이용하는 화장실을 사용해 본 일 • 신호등, 교통 표지판과 관련된 일 • 내가 경험한 도로 위의 위험한 순간 • 체조를 했던 일 • 도서관에 다녀온 일 • 가정에서 규칙이나 약속을 정하고 지킨 일
사람들	• 가족이나 친척, 이웃 등 주변 사람들과 함께한 일 • 사람들에게 도움을 주었던/받았던 일 • 여러 사람과 함께한 일 • 초대를 받아 본/ 해 본 일 • 제자리에서 높이뛰기를 해 본 일 • 징검다리를 건넌 일 • 그물을 사용해 보았던 일 • 다른 사람과 함께 달려 본 일 • 사람들이 모이는 장소에 갔던 일 • 사람들이 모이는 장소에서 위험에 처헷딘 일

우리나라	• 우리나라의 지도를 본 일 • 우리나라의 산, 바다, 섬 등에 가 본 일 • 태극기를 본 일 • 애국가를 들어 본 일 • 화폐를 사용해 본 일 • 궁궐에 가 본 일 • 한복을 입어 본 일 • 명절에 한 일 • 민요 '아리랑'을 들어 본 일 • 탈을 써 본 일 • 부채를 사용한 일 • 한옥을 본 일 • 태권도를 직접 해 보았거나 본 일 • 씨름 경기를 본 일 • 비사치기를 해 본 일 • 수건돌리기를 해 본 일 • 기차를 탄 일 • 물놀이를 한 일 • 음식점에 간 일
탐험	• 달과 관련된 일 • 여행 또는 여행 준비와 관련된 일 • 시장에 간 일 • 바다에 간 일 • 초대장과 관련된 일 • 한 발로 균형을 잡는 동작을 해 본 일 • 특별한 걸음으로 걸어 본 일 • 달리기를 한 일 • 내가 보거나 경험한 응급상황

♥ 2학기

[국어시간에 묻는 경험]

- 동물원에 간 일
- 박물관에 간 일
- 참외씨와 관련된 일
- 달리기를 한 일
- 만화 영화를 본 일
- 책 읽기와 관련된 일
- 훌라후프를 돌려 본 일
- 영화관에 간 일
- 밤하늘의 별을 본 일
- 독도에 대한 뉴스나 영상을 본 일
- 소중한 물건을 잃어버린 일
- 친구와 놀거나 다투었던 일
- 감기에 걸렸던 일
- 브로콜리와 관련된 일
- 연극을 관람한 일
- 강아지풀을 살펴본 일

[수학시간에 붙는 경험]

- 시장에 간 일
- 시장에서 수를 본 일
- 물건을 사 본 일
- 컵 쌓기를 해 본 일

- 시계와 관련된 일
- 우유갑을 재사용해 본 일
- 안전 체험관이나 체험 시설에 가 본 일
- 전통 놀이를 한 일
- 전통 음식을 먹어본 일

[통합시간에 묻는 경험]

하루	• 내가 좋아하는 날 • 달팽이를 본 일 • 저금통을 사용해 본 일 • 우리 가족의 아침 식사와 관련된 일 • 잠자리에 들기 전 하는 일 • 자고 싶지 않았던 경험 • 자장가와 관련된 일 • 그림을 그려 본 일 • 가위바위보했던 일 • 닭싸움을 해 본 일 • 술래잡기 놀이를 한 일 • 다쳤거나 아팠던 일 • 신호등이 없는 거리에서 길을 건넜던 일
약속	• 지구 온난화와 관련된 뉴스나 영상을 본 일 • 물 절약을 실천한 일 • 일회용품을 사용한 일 • 물건을 포장하거나 포장을 열어 본 일 • 내가 알고 있는 나무 • 물건을 사 본 일 • 내가 겪은 갈등 상황 또는 평화로운 일 • 마음껏 신나게 놀았던 일 • 다른 사람 때문에 불편했던 일 • 길에서 쓰레기를 줍거나 담아 왔던 일 • 킥보드와 관련된 일

상상	• 동물의 알을 본 일 • 다른 사람의 말을 주의 깊게 들어 본 일 • 다른 사람과 힘을 모아 무언가를 해 본 일 • 내가 좋아하는 장난감 • 반려동물과 관련된 일 • 연주회에 다녀온 일 • 책이나 만화에서 공룡을 보았던 일 • 반대로만 행동하고 싶었던 날 • 몸이 커지거나 작아지는 이야기와 관련된 책이나 영화를 본 일 • 놀이터에서 논 일 • 친구나 TV에 나오는 사람의 행동을 따라 해 본 일 • 코피가 나거나 다쳤던 일 • 말 또는 글 때문에 속상했던 일 • 가을에 했던 야외활동
이야기	• 소원을 빌어 본 일 • 우렁각시처럼 드러나지 않게 누군가를 도와주었던 일 • 도움을 받았던 일 • 인형극을 본 일 • 비밀 친구 놀이를 한 일 • 시상식을 보거나 참여했던 일 • 산책했던 일 • 혼자서 또는 여러 사람과 중심 잡기를 한 일 • 공놀이를 한 일 • 라켓을 보거나 만져 본 일 • 무대 위에 올라가 본 일 • 영화관에 간 일 • 지역 축제 등 사람들이 밀집한 장소에 간 일

교과 간 중복된 수업 내용은 선생님이 재구성하거나 통합하여 운영합니다. 선생님의 수업계획에 따라 더욱 다양한 경험을 나눌 수 있습니다. 여름방학 동안 2학기 내용과 관련된 경험을 채워 주면 개학 후 더욱더 적극적으로 수업에 참여할 수 있습니다.

08
원격 수업에 참여하는 방법

학교는 감염병 유행이나 태풍, 대설과 같은 유사시에 등교를 중지하고 원격 수업으로 전환합니다. 원격 수업을 위해서는 노트북이나 패드 등 스마트기기가 필요합니다. 스마트폰을 사용할 수도 있지만 화면이 작아 조작이 불편할 수 있습니다. 학교에서는 스마트기기가 필요한 가정에 학부모 동의서를 받은 후 기기를 대여해 주고 있으므로, 기기가 필요한 경우에는 담임선생님에게 요청합니다.

♥ e학습터 가입과 활용

초등학교는 원격수업 플랫폼으로 e학습터를 활용합니다. e학습터는 PC나 모바일로 언제, 어디서나 사이버 학급에 접속하여 학습할 수 있습니다. 스스로 원하는 콘텐츠를 선택하여 시청할 수 있고, 다양한 교과자료와 평가자료를 제공합니다.

2월 말 새 학년 준비기에 학기 중 원격수업으로 전환될 경우 선생님은 즉시 활용 가능하도록 원격 학급을 개설합니다. 학생 회원을 등록하고 확인하는 일을 합니다.

e학습터에 회원가입을 할 때 만 14세 미만 학생은 보호자의 동의가 필요하고, 1학년은 키보드 사용이 능숙하지 않기 때문에 학부모가 도와줘야 합니다. 담임선생님이 회원 아이디와 비밀번호를 일괄 부여한 후 비밀번호를 변경하도록 하거나 학부모가 직접 아이디와 비밀번호를 생성하도록 안내합니다. 담임선생님이 발급한 아이디는 1년만 사용할 수 있으므로 e학습터를 개인적으로 계속 활용하기를 원한다면 직접 아이디를 생성하는 것이 좋습니다.

회원 가입을 마쳤다면 자녀가 사용할 노트북이나 패드 등의 바탕 화면에 e학습터를 깔아 두고 자동 로그인을 설정해 두면 좋습니다.

♥ 원격수업의 유형

원격수업에는 과제 수행 중심 수업, 콘텐츠 활용 중심 수업, 실시간 화상수업이 있습니다. 과제 수행 중심 수업은 학생이 활동을 수행하고 결과물을 제출하면 선생님이 학습 결과물 제출 여부로 출석을 확인하고 피드백하는 유형입니다. 학습 결과물에는 독서 감상문 쓰기, 학습지 해결하기, 주제와 관련된 그리기, 만들기 등이 있습니다. 콘텐츠 활용 중심 수업은 선생님이 올린 동영상 강의를 시청한 후 과제를 해결하거나 댓글을 달아 학습 내용을 확인하고 피드백을 해 주는 유형입니다. 화상수업은 원격교육 플랫폼을 활용하여 교사와 학생이 실시간으로 소통하여 즉각적인 피드백을 하는 유형입니다.

수업 주제나 내용에 맞게 과제형, 콘텐츠형, 화상수업을 혼합하여 운영합니다. 학급 학생의 실태와 원격기기 적응도, 원격 학습기간 및 수업 내용에 따라 선생님이 적절하게 계획하여 자세히 안내합니다.

♥ 원격수업 참여 시 주의할 점

원격수업에 참여할 때는 1교시 수업시간에 맞춰 기기 앞에 앉아야 합니다. 등교해서 수업하는 것처럼 40분 단위의 수업시간과 쉬는 시간을 정확히 지켜서 학습하는 것이 좋습니다. 원격수업의 기간이 길어질수록 시간에 무뎌지게 됩니다. 수업시간에 대한 감각이 무너지면 등교했을 때 다시 적응해야 하는 어려움이 있습니다.

　과제형 수업에 참여할 때는 활동을 마친 즉시 과제물을 책가방에 넣는 습관을 가져야 합니다. 원격수업의 기간이 길어지면 가정 내에서 과제물을 분실하는 경우가 많습니다. 동생이 찢었다거나 분명히 했는데 없어졌다는 학생이 있습니다. 제출할 과제물을 완성한 후에는 잃어버리지 않게 잘 관리해야 합니다.

　콘텐츠형 수업에 참여할 때는 진도율이 중요합니다. 선생님은 교시별로 학생의 수업 참여와 진도율을 확인합니다. 가끔 영상 시청을 마쳤는데도 진도율이 100%로 표시되지 않을 때가 있습니다. 시스템상의 문제이므로 당황하지 않도록 합니다. 콘텐츠형은 학습 내용을 교과서에 기록하거나 과제형과 혼합하여 수업하는데 진도율이 70% 이상이고 교과서 정리가 잘되어 있으며 과제를 제출한다면 출석으로 인정합니다.

　화상수업에 참여할 때는 장소 선정에 주의해야 합니다. 자녀의 모습은 카메라를 통해 반 전체에 전송되고, 집 안의 환경이 그대로 노출됩니다. 소파, 부엌, 책장 등이 여과 없이 카메라에 담기기 때문에 아이가 앉았을 때 뒷배경이 깔끔하도록 신경 써야 합니다.

　화상 카메라 앞에 앉았을 때는 외출할 때 입는 편한 복장을 권합니다. 자기의 모습을 친구들과 선생님이 보고 있는데도 잠옷이나 내복을 입은 채 카메라 앞에 앉는 경우가 있습니다. 며칠 동안 같은 잠옷을 입고 수업에 참여하는 아이도 있으니 부모님이 신경 써 주어야 합니다.

마지막으로 화상수업에 참여할 때는 마이크 음소거를 해야 합니다. 마이크를 켠 상태로 수업에 참여하면 애완견 소리, 화장실 물 내리는 소리, 가족 간 대화 내용이 모두 전송됩니다. 발표를 위한 마이크는 선생님이 원격으로 제어하고, 발표하는 경우에는 개인별로 마이크를 켜도록 지시합니다. 선생님이 마이크를 켜라고 요청하기 전까지는 음소거 상태를 유지하는 것이 가장 중요합니다.

♥ 디지털 교과서 활용

원격수업을 해야 하는데 학교에 교과서를 두고 왔다면 디지털 교과서를 활용할 수 있습니다. e학습터의 로그인 화면 아래에 디지털 교과서 배너   가 있습니다. 디지털 교과서를 클릭하여 학년, 학기, 교과를 검색하면 해당 교과서를 확인할 수 있습니다. 교과서 내용을 정리하거나 문제를 풀어야 하는데 집에 교과서가 없다면 해당 페이지를 출력하여 학습합니다.

학부모편

적응기간이 끝나면 자녀가 학교생활에 익숙해진 만큼
부모의 긴장감도 어느 정도 사라집니다.
일상생활을 규칙적으로 해 나가는 자녀가 대견하고 자랑스럽습니다.
하지만 자녀가 학교 적응을 마쳤다고 부모의 역할이 끝난 것은 아닙니다.
학교는 자녀의 학교생활과 관련하여 학부모의 협조나 참여를 요구하는 일이 많습니다.
학기 초에는 다양한 학부모 연수가 있고, 시기마다 학부모가 참여하는 행사가 있습니다.
학교 구성원으로서 학부모의 역할을 알고 권리와 의무를 이행할 때는
교사를 존중하고 상호 협력하는 마음이 필요합니다.

A. 제출과 소통의 달인되기

초등학생은 미성년자이므로 학부모 동의서를 받는 일이 많습니다.
학교에 제출하는 서류는 부모가 꼼꼼하게 챙겨 줘야 합니다.
서류 작성 및 제출 방법을 알고 불이익이나 불편함을 겪지 않길 바랍니다.

01
제출물을 잊지 않으려면

● × ÷ ＋

학부모에게 배부되는 안내장에는 여러 종류가 있습니다. 각종 동의서 외에도 신청서, 서약서, 설문지 등의 회신 안내장과 가정에 보관하고 살펴봐야 하는 다양한 연수물과 정보물이 있습니다. 또 특정 대상자에게만 배부되는 안내장과 지역단체나 기관에서 보내는 홍보물 및 행사 팸플릿 등이 있습니다.

♥ 기한 전에 제출해 주세요

회신 안내장에는 제출 기한이 적혀 있습니다. 명시된 기한까지 기다리지 않고 확인한 당일에 즉시 작성하여 제출할 것을 권합니다. 제출한 서류는 선생님이 회수하고 학년에서 모은 후 담당 교직원에게 전달합니다. 학급에서 회수가 늦어지면 학년 일이 늦어지고 담당자의 업무 실행에 불편함을 주게 됩니다.

다음 날 바로 제출하지 않으면 기한 내 잊지 않고 챙겨 주는 것이 어렵습니다. 회신해야 하는 안내장은 받은 다음 날 바로 제출하는 것을 원칙으로 합니다. 제출물은 아이가 직접 가방에 넣는 것이 좋습니다. 부모가 넣었다면 아이에게 가방의 어디에 넣었는지 등교 전에 꼭 확인시켜 줘야 아이가 잊지 않고 스스로 찾아서 제출할 수 있습니다.

♥ 상담 신청도 선착순

상담은 신청이 접수된 순으로 일정을 확정하므로 상담 신청에 관한 안내를 받았다면 수신 즉시 신청하는 것이 좋습니다. 학교 알리미 앱을 통한 상담 신청은 요일과 시간대별로 선택 인원을 한 명으로 설정합니다. 다른 사람이 먼저 선택한 희망 일시에는 신청할 수 없으므로, 푸시 알림을 확인하는 즉시 신청해야 원하는 일시에 상담받을 수 있습니다. 종이 안내장을 받았다면 안내장을 받은 다음 날 바로 제출하는 것이 좋습니다. 선생님은 회수한 신청서를 종합하여 정리할 때 먼저 제출한 학생을 우선으로 하여 상담 일정을 확인합니다.

02
결석을 했을 때

● × ÷ ✚

학교에 제출해야 하는 서류 중 출결에 관한 부분은 놓치면 안 됩니다. 출결 내용은 생활기록부에 기록되고 개인 신상에 관한 것이므로 관련 서류를 잘 갖춰 제출해야 합니다.

♥ 결석의 구분

결석의 형태에는 출석 인정 결석, 질병 결석, 미인정 결석, 기타 결석이 있습니다. 출석 인정 결석은 천재지변 또는 법정 감염병(수두, 홍역, 수족구병, 코로나19 등)으로 인한 결석, 학교장의 허가를 받은 대회 및 훈련 참가, 교환 학습, 교외체험학습, 경조사 등으로 인한 결석입니다. 질병 결석은 감기나 복통 등의 질병이나 입원으로 인한 결석입니다. 미인정 결석은 학교폭력 및 교권 관련 출석 정지, 태만, 가출, 출석 거부 등으로 인한 결석입니다. 기타 결석은 부모 간병 등 합당한 사유로 인해 학교장이 인정하는 결석입니다.

초·중등교육법 시행령에 따라 학생의 출석 일수가 해당 학년 수업 일수의 3분의 2 미만일 경우에는 다음 학년으로 진급할 수 없습니다. 지각(또는 조퇴, 결과*)은 횟수에 상관없이 해당 학년 수료에 영향을 주지 않으며, 장기 입원 등과 같은 질병 결석일 경우 해당 연도 수업 일수의 3분의 2는 출석해야 다음 학년으로 진급할 수 있습니다.

*결과 : 수업시간의 일부 또는 전부에 불참하거나 학교장이 정한 시각 이후 수업에 참여하는 경우 등

♥ 결석신고서와 사유에 따른 첨부 서류

학교에 결석하면 결석신고서를 제출해야 합니다. 질병으로 3일 이상 결석하면 진단서, 통원확인서, 입원확인서, 약 봉지 등의 증빙자료 중 하나를 첨부해야 하는데 학교마다 결석 일수에 따른 증빙서류가 다를 수 있으니 반드시 학교 홈페이지를 확인하도록 합니다.

경조사로 인한 결석일 때에도 청첩장, 장례확인서, 사망진단서

등의 증빙자료를 제출해야 합니다.

경조사 일수		
구분	대상	일수
결혼	형제, 자매, 부, 모	1
입양	학생 본인	20
사망	부모, 조부모, 외조부모	5
	부모의 조부모(증조부모, 외증조부모), 부모의 외조부모(진외증조부모, 외외증조부모) 형제자매 및 그의 배우자	3
	부모의 형제자매 및 그의 배우자	3

※ 경조사 일수에 재량휴업일과 공휴일 및 토요일은 산입하지 않음. 연속된 결석 일수에 한해 출석으로 인정함

학교에서는 결석신고서 등 출석 관련 서류 양식을 학교 홈페이지에 탑재합니다. 공지사항이나 가정통신란에 게시된 양식을 다운받아 작성 후 자녀가 등교하는 날 학교에 제출하면 됩니다. 온라인으로 결석신고서를 제출받는 학교도 있으니 학교의 안내장을 확인하시기 바랍니다.

♥ 원격수업의 출결 처리

원격수업 기간에는 원격수업에 참여해야 출석으로 인정됩니

다. 선생님이 실시간 또는 사후 출석 증빙자료를 확인하여 출석 또는 결석으로 기록합니다. 과제형, 콘텐츠형, 화상수업에 대한 출결은 학교별 여건 및 특성에 따라 학교장이 정한 방법으로 처리합니다. 당일 사이버 학급에 출석하여 수강하는 것을 원칙으로 하지만 3일 이내 완료하면 출석으로 인정합니다.

03
교외체험학습을 신청할 때

● × ÷ +

　교외체험학습은 학칙이 정한 일수만큼 신청할 수 있습니다. 체험학습 내용에는 가족 동반 여행, 친인척 방문, 고적 답사 및 향토 행사 참여, 국내외 교환 학습 등이 있습니다. 한시적으로 감염병 위기 경보 단계가 높을 때 '가정학습'을 승인 사유에 포함하기도 하지만 감염병 유행이 잠잠해지면 '가정학습'은 승인 사유에서 제외됩니다.

♥ 국내외 체험학습

　교외체험학습의 출석 인정기간은 14~20일 정도 되는데 지역이나 학교마다 다르므로 반드시 학교 홈페이지를 확인해야 합니다.

국내외 체험학습을 신청할 때는 먼저 담임 선생님에게 구두로 신청 의사를 알립니다. 체험일 3~4일 전에 학교 홈페이지 교외 체험학습 신청 배너를 통해 온라인으로 신청서를 작성합니다. 신청서에는 체험기간과 장소, 체험 목적, 동반 가족명을 기록해야 하는데 동반 가족명에는 형제자매가 아닌 보호자명이 들어가야 합니다. 신청서가 탑재되면 담임 선생님과 학교 관리자가 신청 내용을 확인하고 승인합니다. 승인 여부를 확인한 후에 일정에 맞춰서 체험학습을 실시하면 됩니다.

체험학습 후에는 보고서를 제출해야 하는데 온라인으로 간단히 작성하거나 파일로 첨부할 수 있습니다. 보고서를 쓸 때 체험 내용에 사진이나 그림을 첨부할 수 있으며, 체험 후 학생이 느낀 점과 보호자 의견을 간단히 기록합니다. 국외 체험학습을 신청한 경우에는 항공권을 추가로 첨부합니다.

체험 종료 후 7일 이내에 보고서를 제출해야 출석으로 인정됩니다. 학교생활기록부 등에 반영되므로 기한을 꼭 지켜야 합니다. 학교마다 신청서와 보고서 양식은 차이가 있으니 학교 홈페이지에서 관련 내용을 확인하도록 합니다. 종이로 신청서와 보고서를 받는 학교는 홈페이지에서 양식을 다운받아 작성 후 제출합니다.

♥ 교환 학습

　교환 학습은 도농 간 또는 지역 간 이동수업을 희망할 때 학칙이 정한 범위에서 학교장의 승인을 얻어 실시할 수 있습니다. 학부모가 교환 학습을 신청하면 관련 학교장이 공문을 통해 상호 협의하고 협의 결과를 학부모에게 통보합니다. 교환 학습이 승인되면 희망하는 지역의 해당 학교로 신청한 일정 동안 등교할 수 있습니다. 교환 학습 후에는 위탁 학교의 담임 선생님이 학생의 생활기록을 재적 학교에 통보하여 출결 처리합니다.

04
학교안전공제회에 신청할 때

● × ÷ ✚

학교와 선생님은 자녀의 안전한 학교생활을 위해 수시로 안전교육을 실시합니다. 교실, 특별실, 복도나 계단 등 곳곳에 안전과 관련된 게시물을 부착하고 활동할 때마다 사전 안전 지도를 합니다. 그럼에도 불구하고 사고가 발생했을 때는 학교안전공제회를 통해 도움을 받을 수 있습니다.

♥ 학교안전사고 보상공제

학교안전공제회는 학생, 교직원 및 교육활동 참여자에게 학교안전사고로 인한 피해를 신속하고 적정하게 보상하기 위해 보상공제사업을 운영합니다. 학교 교육과정에 의한 활동이나 행사, 등·하교 및 학교 안팎에서 이루어지는 학교장이 인정하는 활동 등에서 생명이나 신체사고를 당했을 때 피해를 보상합니다.

교육활동 중 사고가 발생하면 학교는 공제급여관리시스템을 통해 사고를 통지합니다. 학교안전공제회에 사고가 접수되면 학교는 학부모에게 급여 청구 절차를 자세히 안내합니다. 학부모는 자녀의 사고에 의한 치료를 마치고 공제급여를 청구할 수 있습니다.

♥ 공제급여 청구 절차

공제급여 청구는 학교를 통해 할 수 있으나 학부모가 직접 신청하면 더욱 신속하게 보상받을 수 있습니다.

먼저 학교안전공제회 학교안전사고보상지원시스템(https://www.schoolsafe.or.kr)에 접속하여 모바일 인증을 한 후 로그인합니다. 공제급여청구 메뉴에서 사고 목록을 조회한 후 사고 발생 번호를 클릭하여 청구서를 작성합니다. 청구 금액, 은행명을 입력하고 증빙서류(진료비 내역서, 진료비 계산서 영수증, 진단서, 통장 사본 등)를 파일로 첨부합니다.

청구서 작성이 끝나면 등록을 완료하고 청구인 서명을 합니다. 사고 발생 번호를 선택하여 내용이 맞는지 확인하고 승인 버튼을 누르면 청구 절차가 마무리됩니다.

공제회에서는 청구서를 접수하고 14일 이내에 심사를 거쳐 공제급여 지급을 결정합니다.

공제급여의 보상 범위는 국민건강보험이 적용되는 급여항목에 준하며 비급여항목에 대해서는 원칙적으로 지급되지 않습니다. 공제급여의 청구 횟수 제한은 없으므로 치료 중인 경우에도 청구할 수 있으며, 공제급여 청구권의 소멸시효는 3년입니다.

공제급여 결정 통보서가 공문으로 학교에 도착하면 학교는 청구인에게 해당 내용을 전달합니다. 공제회 결정에 이의가 있으면 90일 내 재심사를 청구할 수 있습니다.

05
학급 소통방을 이용할 때

● × ÷ ✛

　개인정보보호법은 개인정보의 처리 및 보호에 관한 사항을 정해 개인의 자유와 권리를 보호하고 개인의 존엄과 가치를 구현하는 것을 목적으로 합니다. 학교는 입학과 동시에 학교 운영에 필요한 학생과 학부모의 개인정보를 얻고 활용에 대한 동의서를 받습니다. 이와 별도로 매년 3월 개인정보와 관련된 여러 가지 동의서를 받고 각종 교육활동을 진행합니다. 학년말에 담임 선생님은 1년 동안 보관했던 학생과 학부모 관련 자료와 파일을 폐기하여 개인정보보호법을 준수합니다.

♥ 학급 소통방을 이용할 때는

　선생님은 학급 소통방에 글을 올릴 때 공지사항 이외의 내용은 개인정보 보호를 위해 1:1 채팅을 활용합니다.
　가끔 공개된 창에 개인정보가 올라와 있으면 당황할 때가 있습니다.

　어느 날 오후 학급 대화방에 새로운 글이 올라왔다는 푸시 알림이 떴습니다.

　△△엄마, 안녕하세요? ○○엄마인데요. 말씀 드릴 것이 있어요. 메시지 보시면 010-1234-5678 으로 전화 주세요.^^

　담임 선생님은 두 친구가 하교 후 다툰 건지, 귀가를 안 한 건지, 무슨 일이 생겼는지 걱정스러운 마음이 제일 먼저 듭니다. 사건·사고에 대한 걱정 후 드는 생각은 개인정보 보호! 얼른 전화번호 삭제를 요청해야 한다는 것입니다.
　통화한 결과 다행히 큰일은 아니었습니다. ○○와 △△가 하교 후에 놀이터에서 함께 놀았는데 두 친구의 가방이 바뀌어서 교환하려고 했다는 것입니다. 개인정보 보호에 대해 말씀드리자 먼저 삭제하시겠다고 합니다. 선생님이 직접 △△엄마와 통화해서 책가방 교환 건은 해결하였습니다.

　공개된 방에 이름이나 생년월일, 전화번호 등과 같은 개인정보 및 개인 신상에 관한 내용은 올리지 않아야 합니다. ○○엄마는 별일 아니라 선생님을 수고롭게 하지 않고 직접 해결하려고 한 것입니다. 내용을 자세히 적지 않은 것은 너무 개인적인 일이라서 그렇게 한 것입니다. 내용은 보호하고 연락처와 같은 개인정보는 보호하지 않은 상황입니다.

　개인적인 일로 같은 반 친구 어머니의 연락처를 담임 선생님에게 요청하는 경우도 있습니다. 담임 선생님은 좋은 일인지 나쁜 일인지에 상관없이 곧바로 알려주지 않습니다. 상대 부모에게 전화를 걸어 사유를 전달합니다. 연락처를 제공하는 것에 동의하는지 확인한 후에 알려줍니다.

　학급 소통방을 이용할 때는 자신의 정보뿐만 아니라 타인의 개인정보 보호에도 신경을 써야 합니다. 개인정보 보호에 대한 민감성을 가져야 합니다.

학부오편

B. 학교랑 친해지기

학부모의 학교 참여는 자녀에 대한 관심에서 시작합니다.
모든 아이를 함께 키운다는 마음이 필요합니다.
학부모는 학교와 선생님을 존중하고 협력하는 태도로 다양한 일에 참여하여
학교와 친해지길 바랍니다.

01
학부모회 활동

● × ÷ ✚

학부모회는 학부모들이 공동체의 일원으로서, 교육활동을 지원하여 학교교육 발전에 이바지하는 것을 목적으로 조직하고 운영합니다.

♥ 구성 및 조직

학부모회는 총회와 대의원회 아래 학년별 학부모회와 기능적인 학부모회를 구분하여 조직합니다. 학년별 학부모회는 학교 규모나 상황에 따라 학급과 학년 학부모회를 통합하여 운영할 수 있습니다. 기능적인 학부모회의 명칭은 학교마다 다를 수 있지만 학부모 교통봉사단, 급식 모니터단, 학부모 독서회 등의 활동이 있습니다. 총회는 3월에 학부모 회장이 소집하는데 일반적으로 학교 교육과정 설명회하는 날 함께 진행합니다. 대의원회는 총회 의결사항 외의 학부모회 운영에 관한 사항이나 총회에서 위임한 사항을 임원, 학년/학급별 대표 등이 모여 논의하고 결정합니다.

학년, 학급 학부모회는 학부모들의 자치조직이므로 학부모의 자발적인 참여가 중요합니다. 개인정보보호법에 따라 학급의 연락처는 담임 선생님에게 받아야 합니다. 담임 선생님은 학부모회 운영에 관한 개인정보 수집 및 활용에 관한 동의 여부를 확인한 후 연락처를 제공합니다. 학급 대표는 학부모회를 통해 연락을 주고받습니다. 담임 선생님이 개인적으로 연락하여 학급의 일에 협조를 구하는 일은 극히 드뭅니다.

♥ 임원 선출

학부모회 임원은 민주적인 절차에 의해 선출합니다. 선출관리위원회를 구성하여 후보자 신청을 받고, 3월 총회에서 소견을 들은 후 투표를 통해 선출합니다. 학부모 소집이 어려울 때는 학교 홈페이지나 가정통신문을 활용하여 임원 선출 관련 내용을 공고합니다. 선출은 총회 때 투표로 실시하거나 학교 알리미 앱을 활용한 전자투표로 실시합니다. 입후보자가 1명일 때 무투표 당선이나 찬반투표를 하는 것은 해당 학교의 학부모회 규정에 따릅니다.

  임원에는 회장과 부회장, 감사가 있습니다. 회장은 학부모회를 대표해서 교내·외 행사나 연수, 회의 등에 참석하고 다양한 위원회의 학부모위원으로 활동합니다. 학교는 학부모회의 도움이 필요할 때 회장에게 요청합니다. 부회장은 회장과 함께 활동하고 회장의 일을 대신하기도 하며 학부모회의 업무를 분담합니다. 감사는 학부모회 회계업무를 연 1회 감사하는 일을 합니다. 학부모회가 계획에 따라 잘 이루어졌는지, 예산의 활용은 적절한지 등에 대해 살피고 감사보고서를 작성하여 정기총회에서 발표합니다.

♥ 하는 일

  학부모회의 활동은 크게 교육활동 모니터링 및 의견 제시, 교육활동 참여 및 지원, 학부모 교육으로 구분합니다.

  교육활동 모니터링은 학교 교육과정이나 방과후학교 운영, 현장체험학습, 학교시설 및 급식 등에 관한 내용을 살펴보는 활동입니다. 학부모회의 대표는 직접 학교운영위원장이나 학교장에게 의견을 제시하고 학부모는 각종 위원회 활동에 참여하여 의견을 제시할 수 있습니다.

교육활동 참여 및 지원활동은 수업 공개나 학부모 상담 주간, 교육과정 설명회 등에 참여하는 것입니다. 급식 지원, 교통 도우미, 도서관 도우미, 축제 도우미, 체험활동 지원 등 학교의 요청에 의한 활동뿐만 아니라 학부모회에서 주관하는 활동 등을 포함합니다.

　학부모 교육은 자녀교육 역량 강화를 위한 연수활동입니다. 학부모가 독서교육을 받고 학생들에게 책을 읽어 주는 동아리 활동 등이 있습니다.

02
운영위원회 활동

초·중등교육법에 의해 학교 운영의 자율성을 높이고 지역의 실정과 특성에 맞는 다양하고 창의적인 교육을 위해 학교운영위원회를 구성하여 운영합니다. 학교운영위원회를 통해 학교 정책을 자세히 이해할 수 있습니다.

♥ 구성 및 조직

학교운영위원회는 학교 규모 등을 고려하여 학생 수가 200명 미만인 학교는 5인 이상 8인 이내, 학생 수가 200명 이상 1천 명 미만인 학교는 9인 이상 12인 이내, 학생 수가 1천 명 이상인 학교는 13인 이상 15인 이내로 구성합니다.

운영위원회는 학부모를 대표하는 학부모위원(40~50%), 교원을 대표하는 교원위원(30~40%), 학교가 소재하는 지역을 생활 근거지로 하는 지역위원(10~30%)으로 조직됩니다. 위원이 조직되면 위원장 1인, 부위원장 1인을 선출하고 학교운영위원회의 사무 처리를 위하여 행정실장을 간사로 위촉합니다.

♥ **운영위원 선출**

  학부모위원은 민주적 절차에 따라 학부모 전체 회의를 통해 선출합니다. 선출관리위원회가 구성되면 학교 알리미 앱이나 가정통신문, 홈페이지를 통해 선출 일정과 절차를 안내합니다. 학부모위원 입후보자가 등록을 마치면 입후보자에 관한 사항과 소견 내용을 각 가정으로 통지합니다. 공지된 일정에 맞춰 투표를 실시하며, 학부모 전체 회의를 소집할 수 없으면 전자투표를 실시합니다. 가정통신문 회신이나 우편투표 방법으로도 참여할 수 있습니다.

  당연직위원인 교장 선생님을 제외한 나머지 교원위원은 교직원 전체 회의에서 무기명 비밀투표로 선출합니다. 지역위원은 학부모위원과 교원위원의 추천을 받아 학부모위원과 교원위원이 무기명투표로 선출합니다.

♥ 하는일

　학교운영위원회는 학칙의 제정 또는 개정, 학교의 예산안과 결산, 학교 교육과정의 운영 방법, 교과용 도서와 교육자료 선정, 학부모 경비 부담 사항, 체험학습 및 수련활동, 학교운영지원비의 사용, 학교 급식 등에 대한 사항을 심의하고 의결합니다.

03
녹색 학부모회 활동

● × ÷ ＋

녹색 학부모회는 어린이보호구역에서 등·하굣길 교통안전 봉사활동을 통해 학생들의 교통사고를 예방하는 학부모회 모임 중 하나입니다.

♥ 구성 및 조직

녹색 학부모회는 학교 단위로 구성하며, 재학 중인 자녀를 둔 학부모가 본인의 의사에 의해 회원으로 활동합니다. 학교는 매년 초 녹색 학부모회 봉사 회원을 모집합니다. 연간 활동하므로 신청자가 많을수록 활동일은 적게 배정됩니다. 하지만 맞벌이 부모의 증가 등으로 참여율이 저조해서 학교 담당자가 전체 학생의 학부모를 대상으로 연간 일정을 계획하여 모든 학생의 부모에게 반별, 개인별 일정과 활동시간 및 장소 등을 통보하기도 합니다.

부모는 해당 일에 의무감을 가지고 참여해야 합니다. 활동일에 참여하지 않으면 해당 장소에 봉사하는 회원이 없으므로 학생들이 위험에 노출될 수 있습니다. 정해진 일자에 참여할 수 없을 때는 다른 가족이나 친척 또는 이웃에게 부탁하여 책임감 있게 일정을 소화해야 합니다.

♥ 하는 일

주로 학교 앞 횡단보도에서 어린이 등·하굣길 교통안전 지도 활동을 합니다. 상황에 따라 일반 보행자의 교통안전을 이끌고, 어린이보호구역 내 교통법규 준수와 안전에 관한 계몽활동을 합니다.

활동일이 되면 교통 봉사에 필요한 도구와 복장을 갖추고 참여합니다. 학교는 교내의 한 장소 또는 횡단보도 인근의 상점이나 경비실의 협조를 구해 물품을 보관하고 학부모가 해당일 아침에 물품을 찾아 활동할 수 있도록 준비합니다. 지정된 물품 보관 장소에서 깃발, 호루라기, 조끼, 모자 등을 받은 후 정해진 장소로 이동하여 교통안전 지도를 하면 됩니다.

모든 학교가 녹색 학부모회를 조직하여 활동하는 것은 아닙니다. 지방자치단체의 노인 일자리 창출사업에 의해 시니어 교통봉사단이 등·하굣길 교통안전 지도를 대신하는 곳도 있습니다. 시니어 교통봉사단이 활동하는 학교는 녹색 학부모회를 별도로 조직하지 않으니 학교의 안내에 따라 활동하시기 바랍니다.

04
급식과 관련된 활동

● × ÷ ✚

급식과 관련하여 학부모가 참여하는 방법에는 급식소위원회와 급식 모니터단 활동이 있습니다. 또한, 학교 급식 공개의 날 시식을 신청하여 급식을 직접 맛볼 수 있습니다.

♥ 급식소위원회

급식소위원회는 학부모가 급식에 관한 결정에 참여하여 합리적이고 효율적인 급식이 운영되도록 합니다. 급식소위원회는 학교운영위원과 급식 모니터단, 교직원, 간사로 구성되며 급식실 및 납품업체 위생점검, 기타 급식에 관한 주요사항을 심의하고 그 외 학교 운영위원회에서 정한 활동을 합니다.

♥ 급식 모니터단

급식 모니터단은 다수의 학부모 참여를 통해 학교 급식에 대한 이해를 돕기 위한 활동입니다. 학년 초 급식 모니터단 선정을 위한 안내장을 발송하고 신청서를 받습니다. 급식 모니터단은 자발적인 의사에 의해 활동하므로 신청 인원에 따라 활동 일수가 조정됩니다.

급식 모니터단은 식재료 검수요령에 대한 교육을 받고 활동합니다. 납품된 식재료의 품질, 선도, 위생, 수량, 규격 및 급식품 사양이 구매요구서와 같은지 확인합니다.

식재료의 검수는 일반적으로 8:10~8:40 사이에 이루어지지만 업체의 배송시간에 따라 변경될 수도 있습니다. 식재료 검수를 위해 학교를 방문할 때는 간편한 복장을 하고, 장신구나 매니큐어는 하지 않는 것이 좋습니다. 활동일에는 외부인 옷장에서 위생복, 위생모, 조리실 전용 신발을 신습니다. 손 소독을 마치고 위생장갑을 착용한 후 검수에 참여합니다. 당일에 발열이나 설사 증상 또는 타인에게 전염 가능한 질병이 있으면 참여할 수 없습니다.

♥ 급식 공개의 날

학교는 다양한 방법으로 학교 급식 공개의 날을 운영합니다. 학교 알리미 앱이나 회신 안내장 등으로 시식을 신청하면 스쿨뱅킹을 통해 교직원 급식비 단가로 경비가 지출됩니다. 시식 후에는 급식과 관련된 의견을 제시할 수 있습니다.

05
학부모 동아리 활동

● × ÷ ✚

지역교육청에서는 학부모에게 평생교육의 기회를 제공하고 자발적인 학교 참여 기회를 확대하기 위해 학부모 동아리 지원사업을 합니다. 학교는 학부모회의 의견을 반영하여 학부모 동아리의 조직과 운영을 돕습니다.

♥ 신청 및 활동

학부모의 희망을 반영한 동아리가 선정되면 활동시기 및 횟수, 요일과 시간, 장소, 모집 인원을 명시한 안내장이 발송됩니다. 학교 알리미 앱을 통해 선착순으로 신청을 받습니다. 동아리 신청은 활동일에 빠짐없이 참여가 가능한지 충분히 고려한 후에 신청해야 합니다.

교육청에서 지원되는 운영비는 동아리 활동과 관련된 강사료, 재료비, 서적 구매 같은 직접 경비, 워크숍 등의 각종 행사비, 운영보고서 및 관련 책자 발간 등 동아리 운영과 관련하여 지출됩니다. 운영비 지출에 대한 계획을 세울 때 학부모의 의견을 적극적으로 반영하므로, 계획 수립 단계부터 참여하여 합리적이고 효율적으로 동아리가 운영되도록 합니다.

학부모는 동아리 활동을 통해 소질을 계발하고 재능을 활용하여 학교 내 기부활동을 할 수 있습니다. 학부모 동아리 개설에 대한 안내를 받으면 관심 있게 살펴보고, 평생교육의 기회로 삼을 수 있으므로 여건이 되면 신청하기 바랍니다.

06
수업 참관일이 되면

● × ÷ ＋

　학교는 학부모, 학생, 교사가 함께 참여하고 만들어 가는 교육 공동체를 형성하기 위해 학부모 수업 참관일을 운영합니다. 수업 참관은 자녀의 학교생활을 격려하고 학교교육에 대한 이해를 높이는 기회가 됩니다.
　1학년 학부모는 수업 참관일에 아이들만큼 긴장합니다. 적응기간부터 걱정하고 염려했던 아이의 특징이 교실에서 어떻게 나타날지, 활동 중 선생님이나 친구들과 의사소통은 어떻게 할지, 다른 학부모에게 내 아이가 어떻게 보일지 등 이런저런 생각에 수업 참관일 전날에는 밤잠을 설치기도 합니다.
　수업 공개일이 되면 1학년은 체험학습 가는 날만큼 흥분합니다. 부모님이 학교에 오시기 때문입니다. 흥분도가 높으면 수업에 집중하기 어렵고 엉덩이는 더욱 가벼워집니다. 선생님은 1교시부터 안정적인 학습 분위기 조성을 위해 애씁니다.

♥ 수업 참관 시 유의할 점

학부모가 수업 참관을 할 때 유의할 점을 몇 가지 안내합니다.

첫째, 수업 참관을 할 때는 학부모가 함께 활동하는 참여수업이 아닌 참관수업임을 유념해야 합니다. 수업 중에 아이에게 말을 걸거나 손으로 무언가를 지시하는 행동은 아이의 시선을 분산시키고 수업 진행에 방해가 됩니다. 교실에 들어오면 자녀와의 인사는 조용히 눈과 손으로 합니다. 자녀가 부모를 보고 있으면 선생님을 보라고 얼른 손짓해 줘야 합니다.

둘째, 게시된 작품 및 수업 장면을 사진이나 동영상으로 촬영하면 안 됩니다. 초상권 및 개인정보보호법을 준수해야 합니다. 교실의 모든 작품에는 학생들의 이름이 붙어 있는데 이름은 민감한 개인정보입니다. 자녀의 작품은 눈으로만 감상해야 합니다. 수업 중에는 카메라에 내 아이만 온전히 담기 어렵습니다. 다른 친구나 선생님의 얼굴이 드러나지 않았더라도 특정인을 유추할 수 있으면 위법이 될 수 있으니 주의가 필요합니다.

셋째, 교사의 언행보다 자녀의 수업 참여 자세와 태도를 관찰하는 데 중점을 두어야 합니다. 자녀의 특징을 이해하고 바르게 성장할 수 있도록 격려하는 마음으로 참여합니다.

■ **참관 시 관점(예시)**
- 자녀는 선생님과 친구들의 말을 집중하여 듣고 있나요?
- 자녀는 자기의 생각을 바른 자세로 발표하고 있나요?
- 자녀는 바른 태도로 즐겁게 학습에 참여하나요?
- 자녀는 친구들과 협력하여 학습활동에 잘 참여하고 있나요?
- 우리 아이의 배움과 성장을 위해 부모님께서 어떤 도움을 줄 수 있을까요?

넷째, 수업이 끝나면 인사는 자녀와 간단히 하고 자녀가 다음 시간을 준비할 수 있도록 합니다. 자녀를 가볍게 안아 주고 토닥토닥 격려한 후에는 자기 자리로 들어가도록 해야 합니다. 1학년은 부모님이 복도를 떠나야 안정된 분위기를 되찾습니다. 수업 참관 후 담임 선생님을 만나려고 애쓰지 않아도 됩니다. 선생님은 본수업에서 사용했던 자료를 정리하고 다음 수업을 위한 준비를 해야 하므로, 학부모와의 긴 대화는 불편할 수 있습니다. 선생님과의 인사는 간단한 목례 정도면 충분합니다.

마지막으로, 수업 참관에서 본 자녀의 모습이 평상시 학교생활이라고 확신하면 곤란합니다. 오랜 경험으로 봤을 때 1학년은 수업 참관일에 다른 학년보다 다채로운 모습으로 자신을 표현합니다. 공개수업을 할 때는 잘하지만 평상시에는 그렇지 않을 수 있고, 평상시에는 잘하지만 공개수업을 할 때는 부족한 모습을 보일 수도 있습니다.

♥ 수업 참관일의 학생 유형

[똑같아요형]

　평상시 수업 태도와 비슷하게 공개수업에 참여하는 학생입니다. 모범적이고 일반적인 학생의 모습입니다. 적극적이고 주도적인 태도로 학교생활을 하므로, 공개수업이라고 해서 태도나 자세의 변화는 거의 없습니다.

[이미지 관리형]

　평상시 수업 태도는 바르지 않지만 다수의 관객이 있을 때 이미지 관리를 하는 학생입니다. 공개하는 그 시간만 모범생처럼 수업 참여 자세와 발표 태도가 우수합니다. 공개 수업이 끝나면 본래의 모습으로 돌아옵니다.

[흥분형]

부모님께 칭찬받고 싶고 많은 관객에게 주목받고 싶은 학생입니다. 평상시에는 말이 그렇게 많지 않고, 선생님에게 집중하지 않지만 공개수업을 할 때는 수업 진행에 방해가 될 정도로 에너지를 발산합니다. 선생님의 말씀이 끝나기만 하면 말대답을 합니다. 자기 자리에 가만히 앉아 있지 못하고, 손을 들 때마다 엉덩이도 함께 들썩입니다.

[긴장형]

낯가림이 있고 낯선 환경에 대해 긴장이 강한 학생은 평소처럼 발표하지 못합니다. 사람들의 시선이 자기에게 쏠리는 것이 불편하고 어색합니다. 발표하려고 일어섰는데 발표할 내용을 잊어버리고 수업 참여 자세가 유난히 소극적입니다.

[어리광형]

같은 공간에 부모님이 있는 것만으로 든든함을 느끼고 없던 자신감이 생기는 학생입니다. 부모님이 자신을 바라보고 있고 지켜줄 것 같은 안정감에 몸과 마음이 자유로워집니다. 평상시에는 하지 않던 어리광을 부립니다. 주로 성숙도가 낮은 학생입니다. 학교에서 부모의 영향력이 선생님보다 더 크다고 생각합니다.

[무기력형]

친구들 부모님은 보이는데 자신의 부모님이 보이지 않으면 실망하여 무기력한 모습을 보이는 학생입니다. 부모님이 안 보이거나 잠시 자리를 뜨면 금방 우울해합니다. 슬픈 마음을 감추지 못하고 책상 위에 엎드립니다. 부모님이 곧 오실 거라는 선생님의 응원도 큰 위로가 되지 못합니다. 부모님이 도착하여 수업 중 아이와 눈을 맞출 때까지 무기력은 계속됩니다. 그래서 1학년 선생님은 수업 전에 일부러 아이들과 부모님이 눈인사나 손인사하는 시간을 갖습니다.

참관이 끝나면 간단한 소감문을 작성하여 제출합니다. 아이의 장단점을 객관적으로 바라본 내용과 선생님 또는 학교에 바라는 점을 간단히 적습니다. 자녀가 어떤 유형인지 궁금하면 추후 상담을 통해 담임 선생님에게 확인할 수 있습니다.

아이는 학교에서 부모님을 만난 것만으로도 즐겁고 행복한 하루를 보낸 것입니다. 가정에서 수업 참관 소감을 가족과 함께 나누는 시간을 가지면 좋습니다. 아이를 이해하는 과정으로 생각하고 칭찬과 격려의 말을 해 주기 바랍니다. 이때 부모의 입장이 아닌 친구나 선생님의 입장에서 대화해 주는 것이 바람직합니다.

학부모편

C. 학교폭력 이해하기

학교폭력이란 학교 내외에서 학생을 대상으로 발생한
상해, 폭행, 감금, 협박, 약취, 명예훼손, 모욕, 공갈, 강요, 강제적인 심부름 및
성폭력, 따돌림, 사이버 따돌림, 정보통신망을 이용한 음란·폭력 정보 등에 의하여
신체·정신 또는 재산상의 피해를 수반하는 행위입니다.

학교는 학교폭력을 예방하고 신고 및 대처하는
시스템을 구축하여 안전하고 평화로운 학교생활 문화를
조성하기 위해 노력합니다.

01
학교폭력 예방 및 대책에 관한 법률

● × ÷ ✚

　학교폭력 예방 및 대책에 관한 법률은 학교폭력 예방과 대책에 필요한 사항을 규정합니다. 이 법은 피해 학생의 보호, 가해 학생의 선도·교육, 피해 학생과 가해 학생 간의 분쟁 조정을 통하여 학생의 인권을 보호하고 학생을 건전한 사회 구성원으로 기르기 위한 목적으로 제정되었습니다. 현장의 의견과 전문가의 견해를 반영하여 여러 차례 개정을 거쳐 시행되고 있습니다.

　학교는 학교폭력 예방을 위해 전교 학생회 임원단과 학교 전담 경찰관이 함께 캠페인 활동을 하고, 주기적으로 다양한 교육을 실시합니다. 인성교육을 통해 친구를 사랑하고 감정을 바르게 표현하도록 교육합니다. 학년, 학급 단위로 학생 참여와 체험 중심의 활동을 확대하여 예방에 힘씁니다. 또한, 관련 기관과 협력하여 전 사회적으로 학교폭력 예방문화를 조성하고 있습니다.

교직원은 매년 관련 법령에 대한 내용, 발생 시 대응요령, 예방 프로그램 운영 방법 등을 포함한 각종 연수에 참여하며, 학부모를 대상으로 주기적인 학교폭력 예방교육을 합니다. 또 가정에서 학교폭력 징후를 판별할 수 있도록 정보를 제공하고 사안 처리 절차를 안내하며 인성교육에 도움이 되도록 주기적으로 가정통신문을 배부합니다.

02
학교폭력 처리 절차

● × ÷ ＋

　교사, 학생, 보호자 등으로부터 학교폭력 신고가 접수되면 학교는 피해 학생에게 분리가 필요한지 의사를 확인하고 긴급조치 여부를 결정합니다. 그리고 접수한 사실을 보호자와 교육지원청에 보고합니다.

　교육지원청에서는 학교폭력 전담 조사관을 파견하고 조사관이 직접 학생 면담을 통해 추가 사실을 확인한 후 증거자료를 수집하여 보고서를 작성합니다.

　학교는 보고서를 바탕으로 학교폭력 전담기구를 통해 학교장 자체 해결 요건이 충족되는지 의논하고 학부모가 동의하면 학교장 자체 해결로 마무리합니다. 학교장 자체 해결 요건이 충족되었더라도 학부모가 동의하지 않거나 자체 해결 요건이 충족되지 않으면 교육지원청 심의위를 개최하여 학교폭력 관련 학생의 조치를 결정합니다.

03
1학년에게 학교폭력이란

● × ÷ ＋

　1~2학년은 학교폭력에 대한 개념을 형성하는 시기입니다. 자기의 말과 행동이 학교폭력에 해당되는 것을 모르는 경우가 많습니다. 학교폭력 예방교육을 통해 개념을 형성했더라도 본인이 직접 경험하지 않으면 지식과 실제를 연결하지 못해 인내심을 가지고 매번 꾸준히 지도해야 합니다.
　1학년은 자기중심적으로 사고하므로 다른 사람의 입장과 상황을 헤아리지 못합니다. 인과 관계를 파악하기 어려워 처한 상황에 대해 정확하게 설명하지 못해서 부모에게 주관적인 관점으로 이야기합니다. 부모는 자녀의 이야기를 듣고 판단하기 전에 선생님에게 연락하여 상황을 정확하게 알아보려는 노력이 필요합니다. 선생님은 관련 학생들의 이야기를 섬세하게 여러 각도로 듣습니다. 상황을 종합적으로 판단하여 모두 즐거운 학교생활을 할 수 있도록 최선을 다합니다.

학교폭력과 관련하여 1학년 학부모가 인지하고 고려할 점을 몇 가지 안내합니다.

첫째, 학교폭력은 언제나 당하는 사람 입장에서 해석됩니다. 내 아이가 일상생활에서 억울한 것 같아도 신고 접수된 해당 사건에서 말과 행동의 가해가 명백하다면 상대에게 최대한 빨리 사과해야 합니다. 내 아이가 의도치 않게 언제든지 가해자나 피해자가 될 수 있으므로 항상 역지사지의 마음을 가지도록 지도해야 합니다.

둘째, 아이들은 대부분 '미안해!', '괜찮아!'라는 말 한마디로 관계를 빠르게 회복합니다. 학부모의 감정보다 회복 속도가 훨씬 빠르고 금방 잊기도 합니다. 상대의 장단점과 특징을 잘 알고 있으므로 상황을 설명하면 너그럽게 이해합니다.

셋째, 사안이 발생했을 때 더 나은 교우 관계를 갖도록 교사와 학부모가 함께 협력해야 합니다. 아이는 입학과 동시에 학교폭력 예방 및 대책에 관한 법률의 적용 대상자가 됩니다. 하지만 이제서야 낯설고 거친 학교폭력과 관련된 용어와 개념을 익히는 중입니다. 좋은 친구가 되도록 조언하고 충고하여 생활 속에서 개선해 나가도록 도와야 합니다.

사회생활 초년기에는 누구나 실수를 통해 배웁니다. 자녀의 사회생활을 응원하고 격려하는 마음으로 서로의 실수를 보듬어 주는 자세가 필요합니다.

학급에서 학교폭력 사안이 발생했을 때 피해 학생의 부모가 학교폭력 사안으로 처리하기 원하면 담임 선생님은 신속하게 신고하고 절차에 따라 처리합니다.

그 전에 위의 내용을 다시 한번 상기하고 학년의 특징을 고려하면 좋겠습니다.

☀ 씩씩하고 튼튼하게!

학부모편

> **D. 선생님 존중하기**

학생은 선생님을 존중하는 마음이 있어야 선생님의 말씀을 잘 듣고,
학교생활을 성실하게 할 수 있습니다.
선생님을 대하는 부모의 태도가 어떠냐에 따라
모방과 모델링이 강한 1학년의 학교생활이 달라집니다.
선생님의 학급 운영 방법과 교육관을 존중하는 부모가
예의 있는 학생을 만듭니다.

01
교원의 지위 향상 및 교육활동 보호를 위한 특별법

● × ÷ ＋

　교원의 지위 향상 및 교육활동 보호를 위한 특별법은 교원에 대한 예우와 처우를 개선하고 신분 보장과 교육활동에 대한 보호를 강화하기 위한 법으로, 교원의 지위를 향상시키고 교육 발전을 도모하기 위해 제정되었습니다. 학교는 교권보호위원회를 조직하여 교권 보호를 통한 교원의 교육권 및 학생의 학습권을 보장합니다. 또한, 교권을 침해당한 교원을 구제하고 사전 예방교육을 통해 교권과 학생 인권이 상호 존중되도록 노력합니다.

　교권은 선생님이 교육활동에 충실할 수 있도록 보호하는 교육권입니다. 최근 선생님의 정당한 교육활동을 침해하는 사례가 늘고 있습니다. 실제로 신고되지 않은 건수를 포함한다면 우려되는 수준입니다.

학생은 선생님에게 무례하고 폭언과 폭행을 하지만, 선생님은 학생에게 상처를 주는 말과 행동을 하면 안 됩니다. 폭력적인 행동을 중지시키기 위해 학생의 팔을 강하게 잡았다고, 아이에게 소리를 질렀다고 이런저런 이유로 아동학대로 고발된 선생님의 사례가 잊힐 만하면 한 번씩 들리고 있습니다. 선생님들은 스스로 경각심을 갖고 무기력하게 지켜보는 것 외에 할 수 있는 일이 없습니다.

그래서 교원단체에서는 현장의 체감도를 반영한 생활지도법 등을 마련하여 교사가 학생을 정당하게 지도할 수 있도록 관련법 제정을 촉구하고 있습니다. 최소한 교사에게 수업 방해 등의 문제행동을 보이는 학생을 실질적으로 지도할 수 있는 권한이 있어야 다른 학생들의 학습권이 보호되고 보장받을 수 있습니다.

학부모에 의한 교육활동 침해 사례도 많습니다. 교육활동 침해 유형으로는 폭행 및 상해, 협박, 모욕과 명예훼손, 손괴, 정보통신망법에 따른 불법 정보 유통, 공무집행 방해 및 업무 방해, 성적 굴욕감 또는 혐오감을 느끼게 하는 행위, 교원의 정당한 교육활동에 반복적으로 부당한 간섭을 하는 행위, 그 외 학교장이 교육공무원법에 의해 인정하는 행위 등이 있습니다. 학부모가 교육활동을 침해하는 장면을 학생들이 목격하면, 학생들은 심리적 불안과 공포 등 정서적인 영향을 받고 사안에 따라 전문기관에 의한 심리치료 등을 받을 수 있습니다.

 학부모가 평소 자녀의 학교생활에 관심을 가지고 필요할 때마다 선생님과 주기적으로 상담하면 이와 같은 일을 예방할 수 있습니다. 학교운영위원회나 학부모회 활동 등에 참여하고 가정통신문이나 알리미를 통해 학교업무에 대한 이해를 높이는 것도 좋은 예방법입니다. 공개수업이나 각종 학부모 연수에 참여하고 상담 주간을 활용하여 자녀의 특징에 대해 깊이 이해하는 일 등은 모두 교육활동 침해를 예방하는 활동입니다. 학교의 크고 작은 행사에 관심을 가지고 참여하기 바랍니다.

 교원의 교육활동은 법률로 보호됩니다. 교육활동 침해 역시 법률에 의해 금지된 위법행위에 해당합니다. 교권과 학생의 인권이 상호 존중되는 평화로운 학교문화를 위해 학교 구성원 모두의 노력이 필요합니다.

02
학생생활규칙과 정당한 교육활동

● × ÷ ✚

    학교는 학생생활규칙을 제정하여 학생의 인권을 보장합니다. 학생들이 공동체 속에서 바람직한 역할과 책임의식을 가져 민주시민으로서 자질을 갖추어 성장하도록 교육합니다.

    학생생활규칙은 학생의 교내·외 생활과 정보통신기기 생활 등에 관한 규정을 명시하고, 학생 인권과 교육활동 침해에 관한 내용을 포함하고 있습니다. 교사의 체벌 금지, 교사의 권한 및 교육적 제재의 종류, 보호자의 의무와 책임까지 학생생활규칙에 구체적인 항목으로 기록되어 있습니다.

    학부모가 특히 눈여겨 살펴봐야 할 부분은 학교에서 허용하는 교육적 제재의 종류와 기준입니다. 신체적 고통을 가하거나 정신적 모욕감과 수치심을 주는 언어폭력 등을 포함한 일체의 체벌을 금하고 있습니다. 이를 통해 학생에게 제재 등의 조치를 할 때 학생의 인권을 존중하고 정당한 교육활동을 보장하기 위한 교사의 권한을 알 수 있습니다. 교사에게 훈육이 허용되는 영역을 교육활동, 교권 침해, 일탈행위 등으로 구분하고 학급, 학교, 전문치료기관의 단계에 따라 어떤 내용과 방법으로 학생에게 훈육하고 징계가 이루어지는지 확인할 수 있습니다.

자리에서 일으켜 세우기, 교실 내 특정 공간으로 이동시키기, 교정된 자세로 적정 시간 서 있도록 하기, 적정한 수준의 방과후 지도, 훼손한 시설이나 물품 오염 등에 관한 원상 복구, 청소 명령, 교실 외 상담 조치, 학부모 통보 및 상담 등 담임 선생님이 판단하여 허용되는 적정한 훈육이 명시되어 있습니다.

학부모가 이와 같은 내용을 미리 살펴보고 인지하고 있다면 가정에서 훈육할 때 학교규칙과 연계하여 교육할 수 있습니다. 또한, 자녀의 문제행동으로 인해 전화를 받았을 때나 선생님의 말과 행동이 이치에 맞지 않는다고 생각될 때 합리적으로 소통할 수 있습니다.

학교는 학생생활규칙을 학교 홈페이지에 게시하여 학생과 학부모가 살펴볼 수 있도록 하고 있습니다. 보통은 학생 마당 메뉴에 관련 내용을 탑재합니다. 아동학대를 떠올리기 전에 자녀에 대한 처우가 합리적인 방법과 내용이었는지 학생생활규칙을 통해 확인하고 선생님과 적극적으로 소통하기를 권합니다.

03
좋은 거울이 되려면

● × ÷ ✛

　부모는 자녀의 인생에 가장 큰 영향을 미치는 사람입니다. 생존에 필요한 의식주를 제공해 주고 실생활에 가장 큰 도움을 주기 때문입니다. 그래서 선생님 말보다 부모님 말을 우선시하고 부모님에게 학교생활을 잘한다는 선생님의 칭찬이 전달되기를 원합니다.
　부모가 선생님을 어떻게 대하느냐에 따라 아이가 선생님을 바라보는 태도가 달라집니다. 의도하고 가르치지 않아도 자녀가 부모의 행동 습관을 닮는 것처럼 정서·사회적인 성향과 태도를 의식적으로 표현하지 않아도 아이는 자연스럽게 모방합니다.
　선생님의 학급 운영 방법이나 언행이 마음에 들지 않을 경우, 교육적인 의도와 가치를 헤아려 보는 노력이 필요합니다.

"오늘 아침에 선생님이 교실에 늦게 들어오셨어. 우리들은 다 와서 앉아 있는데 말이야."
라고 아이가 투덜거리면 선생님의 사정을 함께 생각하는 대화를 나눕니다.
"선생님이 아침 회의가 있었나 봐!"
"선생님은 아마 수업 준비를 하러 왔다 갔다 하셨을 거야!"
"사정이 있는 친구 엄마에게 온 전화를 받으러 잠깐 나가셨을 수도 있어. 교실에서 통화하면 너희들이 다 듣게 되잖아."
"엄마가 너를 아침에 학교에 데려다주다가 출근이 늦어지는 날이 있는 것처럼 선생님도 누군가의 엄마이니까 아이를 등교시키고 오시는 길에 차가 막혀서 늦으셨을 수도 있지."
라고 말해 주면 아이는 자연스럽게 다른 사람의 상황과 처지를 헤아리는 연습을 하게 됩니다. 긍정적인 시각으로 선생님과 타인을 바라볼 것입니다.
"선생님은 왜 그러셨대? 전에도 늦으신 적 있어?"
"이번이 몇 번째야?"
"수업시간 전에는 오셨니?"
"선생님이 학생보다 늦게 출근하다니… 쯧쯧."
하고 추궁하거나 비난하면 아이는 은연중 타인에 대한 부정적인 시각을 갖게 됩니다.

자녀에 대한 선생님의 처우가 부당하다고 느껴져서 화가 나거나 서운한 일이 생길 수도 있습니다. 이럴 때는 아이가 없는 곳에서 선생님과 통화하는 것이 좋습니다. 선생님의 언행에는 항상 교육적인 의미와 의도가 있다고 생각하고, 자녀를 지도할 때 왜 그렇게 했었는지 자세히 듣는 자세가 필요합니다. 선생님의 이야기를 듣고 상황을 헤아리다 보면 오해도 풀리고 자녀를 더 이해하게 될 것입니다.

자녀가 예상치 않은 사고로 다쳤거나 학교폭력을 당했을 때 부모는 이성을 잃고 감정적인 상태로 통화하거나 학교를 방문하는 경우가 있습니다. 속상하고 격분한 감정은 충분히 이해하지만, 주변에 아이들이 있다면 깊게 한 번 심호흡한 후에 대화에 임하는 것이 좋습니다. 아이들이 보는 앞에서 선생님에게 언성을 높이거나 욕설하는 것은 바람직하지 않습니다. 교권 침해가 됩니다.

말은 그 사람의 인성과 교양을 가늠하게 하므로 항상 예의를 갖추어 상대방을 대해야 합니다. 교사는 자신보다 어리다고 반말로 이야기하거나 존댓말을 사용하지 않는 말 습관을 가진 부모와 대화하는 것을 불편해합니다. 자녀를 위한 교육 동반자로서 상호 인정하고 존중하는 자세가 필요합니다.

스스로 할 수 있어요!

우리 아이 첫 학교

CHAPTER 04

1학년 교실 줌인(ZOOM IN)

1학년은 알록달록한 교실 환경만큼이나 다양한 색을 가진 아이들이 함께 모여 생활합니다. 3월의 아이들은 아직 학생이라 부를 수 없는 학생, 사회인으로 다듬어지지 않은 자연인과 같습니다. 인간을 사회적 동물이라 했을 때 1학년은 자신의 성격과 기질, 본성이 생생하게 살아 있어 자신보다 상대를 먼저 배려하거나 존중하는 것이 어렵습니다. 대화와 타협으로 갈등을 해결하는 것은 더욱 먼 이야기입니다. 협동이 낯선 사회화가 덜 된 아이들! 그래서 선생님들은 학기 초 학생들에게 심하게 시달리거나 에너지 소모로 넋을 놓는 날이면 이렇게 표현합니다.

"우리 반은 학생이 되려면 아직 멀었어!"
"어휴! 언제 사람이 될런지…"
"우리 반은 정글 같아."

　　그럼에도 불구하고 1학년 담임 선생님을 하는 이유는 정글 속의 깨끗함과 순수함이 좋고, 아이들이 성장해 가면서 보여 주는 질서와 성숙함에 보람을 느끼기 때문입니다. 마치 첫아이를 낳던 출산의 고통을 잊고 '둘째를 가져 볼까?'라고 생각하는 것처럼 말이죠. 동료 선생님에게 "내가 다시 1학년을 맡는다고 하면 말려 주세요."라고 말하다가도 12월이 되면 3월의 고단한 노고를 잊고 '내년에도 1학년을 맡아 볼까?' 하는 마음을 갖기도 합니다. 자연인을 사회인으로, 원생을 학생으로 만들기 위해 부단히 애썼던 몇 가지 장면을 가명을 사용하여 기록했습니다.

**생생한 교실 이야기를 통해 1학년의 특징을 이해하는 데
도움이 되길 바랍니다.**

01
혼자만 재미있는 숨바꼭질

● × ÷ ✚

　입학 후 적응기간에는 학교에서 지켜야 할 수많은 규칙과 질서를 익힙니다. 모두가 즐겁게 생활하기 위해서 정해진 규칙을 지켜야 하고 질서 있게 움직여야 한다고 배웁니다. 특별실이나 급식실로 이동하는 순간에도 질서 있게 차례대로 줄 서서 이동하는 연습을 합니다.

　하지만 시원이는 규칙을 준수하고 질서 있게 행동하는 것을 어려워합니다. 자신이 하고 싶은 일에 대한 집중력은 좋지만 하던 일을 멈추는 것에는 관심이 없습니다. 그래서 선생님은 함께 이동시키는 데 애를 먹습니다. 친구들을 한참 기다리게 하는 일이 빈번합니다. 줄 서서 이동할 때 제자리에 섰다가도 줄에서 벗어나기 일쑤입니다. 돌아서면 맨 뒤에 있거나 보이지 않는 곳으로 사라집니다. 멀리 숨어서 선생님이 자기를 찾고 있는지 확인하고, 데리러 와 주기를 기다립니다.

 오늘도 급식실로 이동하는데 혼자만 재미있는 숨바꼭질을 합니다. 분명히 맨 뒤에서 따라오고 있는 것을 확인했는데 급식실에 도착한 후 살펴보니 시원이가 없습니다. 선생님은 안전이 염려되어 마음이 불안해집니다. 배식을 받고 있는 아이들을 돌보지 못하고 시선이 급식실 밖으로 향합니다. 반 아이들이 모두 착석하여 점심을 먹기 시작하자 선생님은 시원이를 찾아 나섭니다.

 급식실 밖으로 나와 오던 길을 둘러봅니다. 시원이는 저 멀리서 선생님을 보더니 후관으로 후다닥 들어갑니다. 선생님이 급식실 통로로 후관에 들어서자 시원이가 중앙 통로를 통해 후관을 나갑니다. 시원이가 자주하는 관심 끌기 전략으로 숨바꼭질을 하고 있다는 생각이 듭니다. 사고가 일어난 것은 아니라는 안도감에 가슴을 쓸어내립니다. 시원이가 눈치 채지 못하게 뒷눈질하면서 선생님은 급식실로 들어옵니다. 시원이는 자기를 찾던 선생님이 사라지자 급식실 문 앞에서 서성거립니다. 선생님이 데리러 나가면 기둥 뒤로 얼른 몸을 숨깁니다. 급식실에 온 것을 확인한 선생님은 무심한 듯 시원이에게 시선을 두지 않고 점심을 먹습니다. 선생님이 자기를 더 이상 찾지 않자 숨바꼭질을 끝내고 배식받는 줄에 섭니다. 다른 반 선생님이 시원이에게 몇 반이냐고 묻습니다. 시원이는 대답하지 않고 배식을 받아 자기 자리에 앉은 후 식사합니다.

선생님은 우리 반이 앉아 있던 자리 뒷정리를 합니다. 시원이가 식사를 마친 선생님에게 다가옵니다.

"선생님, 교실에 저랑 같이 가요."

"그래. 선생님 밖에 있을게 얼른 나와."

"네. 저 물 좀 마시고요."

하고는 물을 다 마시고도 음수대를 떠날 줄 모릅니다. 종이컵 빼는 것이 재미있는 것 같습니다(급식실에서는 개인 물병을 사용하도록 하지만 운동장 수업 등 야외활동하는 학생들을 위해 종이컵을 준비해 두고 있습니다). 물 마시러 온 친구들에게 종이컵을 빼서 나눠 주고 있습니다. 선생님은 밖에서 기다리다가 그 모습을 보고 급식실 안으로 다시 들어갑니다.

"시원아, 선생님이 기다리고 있어. 열 셀 동안 안 나오면 선생님 그냥 간다."

하고 돌아서자 말이 떨어지기가 무섭게 급식실 밖으로 따라 나옵니다. 선생님 손을 슬며시 잡고 나란히 걸으려고 합니다.

"선생님은 지금 화가 나 있어. 시원이와 손잡고 싶지 않아!"

라고 말하면서 시원이가 잡고 있던 손을 뺍니다. 그리고 몸을 낮춰 시원이와 눈을 마주칩니다. 시원이는 선생님이 화 났다는 말에 선생님을 밀치고 줄행랑을 칩니다. 멀리서 선생님을 바라봅니다. 선생님이 오라고 손짓하자 잠시 머뭇거리더니 다시 선생님에게 다가옵니다.

"시원아, 선생님이 왜 화 났는지 들어야 하지 않아?"

"제가 급식실에서 늦게 나와서요."

두 손을 모으고 시선을 아래로 내립니다.

"그래. 선생님이 기다리는 걸 알면서도 시원이가 늦게 나왔지? 그런데 선생님은 그것 때문에 화가 난 게 아니야."

시원이가 고개를 듭니다.

"줄 서서 급식실 올 때 시원이가 안 보였기 때문이야. 우리 반이 다 같이 이동하는데 안 보이는 학생이 있으면 선생님은 걱정이 되거든. 그러다가 걱정이 커지면 화가 나."

눈을 동그랗게 뜬 시원이가 선생님 이야기에 귀를 기울입니다.

"오늘 급식실 왔는데 시원이가 없었어. 선생님이 걱정돼서 찾으러 다녔는데 안 보이더라. 그럼 선생님 걱정이 커지겠지? 그래서 선생님은 화가 났어."

"제가 안 보이면 걱정돼요?"

"응, 걱정돼. 많이 걱정돼. 걱정을 많이 하면 선생님은 화가 나."

"다음에는 선생님 보이는 데 있을게요."

"약속했다!"

'이동할 때 자기 자리에 서기!, 자기 자리에 못 서면 맨 뒤에 서기!, 선생님이 찾을 때 숨지 않기!, 항상 선생님 보이는 곳에 있기!'

를 다짐하고 손가락을 걸어 약속합니다. 선생님과 시원이는 다정하게 손잡고 나란히 걸으며 교실로 향합니다.

다음 날 급식시간에 밥을 일찍 먹은 시원이가 선생님 옆에 와서 앉습니다.
"선생님, 저도 선생님이 안 보이면 걱정할 거예요."
"응? 아~! 선생님은 어른이니까 걱정 안 해도 될 것 같은데…"
웃으며 대답합니다.
"아니에요. 저도 선생님 걱정할 거예요."
하고 시원이는 자기가 하고 싶은 말을 다했다는 표정으로 돌아서서 급식실을 나갑니다.

선생님 말씀을 한 번에 듣고 수행하는 일이 극히 드문 시원이는 선생님에 대한 애정이 강합니다. 항상 선생님이 자기 기분에 맞춰서 자기를 돌봐 주길 바라고 이동할 때는 손잡아 주길 원합니다. 입학 초기 1학년 교실에는 시원이처럼 선생님에게 애정을 갈구하는 학생이 더러 있습니다. 애정 표현을 가득 해 주기를 원합니다.

코로나19로 생활 속 거리 두기와 마스크 착용을 강조하며 개인 간 접촉을 금지하던 때의 일입니다.

갑자기 한 아이가 다가와서 허벅지를 붙잡고 안깁니다. 허벅지에 매달려 있는 아이의 손을 풀며 귓속말로 속삭입니다.

"선생님도 널 정말 안아 주고 싶은데 코로나 때문에 참고 있는 거야. 우리 지금 거리 유지해야 하는 것 알지? 미안해."

이렇게 이야기하면

"히잉!"

하고 돌아서거나 몸을 흔들면서

"그래도 안아 줘. 잉!"

하고 보채기도 합니다. 그럴 때는 가볍게 머리를 쓰다듬고 눈으로 웃어 줍니다. 아이는 선생님의 작은 터치로 아쉬운 마음을 위로받습니다. 한 줄로 서서 이동할 때 두 손을 허리 뒤로 하고 있으면 슬며시 등 뒤로 다가와 몰래 손을 잡는 아이도 있습니다.

이럴 때마다 선생님은 당황스러운 마음을 접고 부모의 양육 태도나 가정환경을 살펴서 아이가 빠르게 적응할 수 있는 방법을 고민합니다. 돌봄과 보육을 원하는 아이들이 상처받지 않도록 주의하면서 선생님에 대한 예절도 가르쳐야 합니다. 서툴고 느리지만 하루하루 성장하고 있는 아이를 보면서 마음을 다하여 수고한 자신을 스스로 응원하며 생활합니다. 오늘도 이와 같은 노고에 지쳐 있을 동료 선생님에게 힘차게 파이팅을 외쳐 봅니다.

02
물건이 아파

● × ÷ ✚

 봄에 볼 수 있는 동식물을 관찰하는 수업을 하는 날입니다. 모두 루페와 돋보기를 들고 화단으로 나갑니다. 얼마나 즐거워하는지 관찰이 끝나고 "교실로 들어가자."라고 했을 때 바로 선생님 앞으로 모이는 학생은 몇 명되지 않습니다. 여러 번의 호명 끝에 모두 무사히 교실로 들어옵니다. 관찰 도구를 정리하고 손 씻기를 합니다. 학습지에 화단에서 본 동식물을 그림으로 표현하는 활동을 하도록 안내하고, 선생님도 손을 씻으러 화장실에 갑니다.

 화장실에서 나오는데 지안이가 복도에서 선생님을 기다리고 있습니다.

 "선생님, 사건이 발생했어요."

 "그래? 무슨 사건? 지금 교실로 가는 중이니까 교실에서 이야기하자."

"네."

지안이가 사건이라는 단어를 알고 있어 놀랐으나 지안이의 표정과 몸짓으로 봐서 사건이 그리 크지 않다는 것을 짐작할 수 있습니다. 목소리 크기 조절이 안 되는 1학년은 다른 반 수업시간이라는 것을 인식하지 못합니다. 복도에서 큰 소리로 하고 싶은 말을 할 가능성이 높습니다. 그래서 선생님은 지안이의 발걸음을 얼른 교실로 향하도록 합니다.

많은 친구가 교실 뒤편 한가운데에 몰려 있습니다.

"무엇을 하는 장면입니까?"

선생님이 들어오자 아이들이 자기 자리로 흩어집니다. 서영이만 남아 있습니다. 서영이 사물함이 열려 있고 교실 바닥에는 사물함에서 나온 온갖 물건이 흩어져 있습니다.

"어디 있냐고? 도대체 어디 간 거야?"

서영이가 사물함 속 스케치북을 내던지며 화를 냅니다.

처음 겪는 장면에 친구들은 선생님의 반응을 살핍니다.

"모두 조용히 자기 할 일을 합니다. 선생님은 이런 일로 화를 내지 않습니다. 오늘 서영이는 학교에서 이렇게 행동했다고 서영이 엄마에게 전화드릴 겁니다."

전화한다는 말에 엄마에게 혼날 것을 생각하는지 서영이가 멈칫합니다. 아이들은 서영이가 선생님에게 엄청 혼이 날 것을 예상했나 봅니다. 선생님이 화를 안 낸다는 안도감에 다른 친구들의 긴장이 가라앉습니다. 안정된 분위기를 확인한 후 서영이에게 다가가 선생님이 낮은 목소리로 묻습니다.

"서영이 지금 뭐 해?"

선생님을 쳐다봅니다. 화가 올라 온 서영이의 얼굴이 붉습니다.

"빨간색 색연필이 없다고요. 빨간색 색연필을 써야 하는데 없잖아요!"

퉁퉁거리고 소리 지르며 말합니다.

"그랬구나! 지금 빨간색 색연필 찾느라고 사물함 속 물건을 다 꺼낸 거구나!"

낮은 목소리지만 평소와 다른 선생님의 어투에 서영이는 눈치를 살핍니다.

"빨간색 색연필이 없으면 선생님이 빌려줄게. 하지만 던진 물건부터 먼저 정리해야 해. 그렇지 않으면 사물함 왔다 갔다 하는 친구들에게 방해가 돼."

서영이는 선생님의 눈을 뚫어져라 쳐다봅니다. '더 소리 질러도 되나? 멈춰야 하나?' 갈등하는 눈빛입니다. 선생님은 낮은 목소리로 계속 이야기합니다.

"이대로 두면 네 물건을 친구들이 밟고 다니게 될 거야. 그걸 원하는 것은 아니지? 얼른 정리하자." 하고 선생님은 돌아서서 자리로 갑니다.

서영이가 교실 앞으로 나와서 두 손을 내밀며 말합니다.

"선생님, 빨간색 색연필 빌려주세요."

"바닥에 있는 물건 먼저 정리하고 와. 그럼 줄게."

서영이가 교실 뒤로 가서 머뭇거립니다.

"서영이가 어지른 것은 서영이가 정리하는 거야. 서영이 혼자 정리해 보고 힘들면 선생님에게 다시 와서 도움을 요청해. 선생님이 정리하는 것을 도와줄게."

쭈뼛대던 서영이가 선생님의 단호한 말투에 움직이기 시작합니다. 정리를 마치고 다시 선생님 앞으로 옵니다.

"선생님, 색연필 빌려주세요."

"정리를 아주 잘했구나! 이렇게 자기가 어지른 것은 자기가 정리합니다. 오늘 서영이는 책임을 배운 겁니다."

선생님은 모두 듣게 큰 소리로 말해 줍니다. 그리고는 서영이와 눈을 맞추며 낮은 목소리로 속삭여 줍니다.

"서영아, 물건을 던지면 물건이 아파. 물건을 던지지 않으면 좋겠어. 서영이가 물건을 던지고 있을 때 친구들 표정이 어땠을까? 친구들 표정 봤어?"

"아니요."

"아마 친구들이 많이 놀랐을 거야. 물건 던지는 친구에게 가까이

가고 싶지 않을 것 같아. 다시 안 그러려면 서영이가 어떻게 해야 할까?"

"색연필을 쓰고 제자리에 넣어야 해요. 선생님, 다음에는 물건 안 던질게요."

서영이는 선생님에게 빨간색 색연필을 받고는 아무 일 없다는 듯이 학습지를 하는 데 몰두합니다.

서영이는 평소 주변 정리·정돈이 잘 안 되는 아이입니다. 네임펜을 꺼내라고 하면 필통부터 책상 서랍 속, 사물함 속까지 다 찾아봐야 합니다. 다른 친구들보다 학습력은 뛰어나지만 정서 발달이 늦습니다. 제가 큰 소리를 냈다면 선생님이 무서워서 교실 밖으로 곧바로 나갈 아이입니다.

1학년의 정서 발달 정도는 편차가 심합니다. 원칙에 따라 일관성을 가지고 생활 지도를 하지만 선생님은 지도가 필요한 모든 장면에서 똑같이 반응하지 않습니다. 아이마다 정서적인 성숙도가 달라서 그 아이 수준에 맞게 대화하고 해결 방법을 제시해야 합니다. 이것은 차별 지도가 아니라 개별 지도입니다.

03
말하지 않으면 몰라

● × ÷ ✛

지연이와 우선이는 같은 모둠입니다. 둘 다 사고력과 학습력이 좋습니다. 지연이는 자기의 생각과 감정을 말로 잘 표현하는 반면, 우선이는 말로 감정을 표현하는 것이 서툴고 낯가림이 있습니다. 둘은 다르지만 흔한 1학년의 모습입니다.

수업시간입니다. 조별 활동시간에 순서대로 돌아가면서 생각과 느낌을 이야기하는 활동을 합니다. 우선이 차례가 되었습니다.
"우선아, 지금 네 차례라고!"
지연이가 큰 소리로 다그칩니다. 우선이는 눈을 뻐끔거리며 아무 말도 하지 못하고 있습니다.
"빨리 말해!"
다른 아이가 재촉합니다.

"그래, 빨리 말해. 시간 없다고!"

자기 순서를 기다리고 있는 친구가 또 큰 소리를 냅니다. 우선이 눈가는 이미 붉게 물들었습니다. 답답해진 지연이가 선생님에게 옵니다.

"선생님, 우선이 차례인데 우선이가 아무 말도 안 해요!"

"그래? 그럼 셋이 먼저 시작해도 돼."

라고 말하고, 저는 우선이를 바라봅니다. 우선이는 쓰고 있던 마스크를 올려 눈을 가립니다. 친구들은 모둠활동하느라 그런 우선이의 행동을 보지 못합니다. 아마 마스크가 없었다면 우는 모습을 들키기 싫어서 책상에 엎드리거나 책상 밑으로 몸을 숨겼을 겁니다.

쉬는 시간이 되었습니다. 블록 쌓기를 좋아하는 우선이가 쉬는 시간에 열심히 성을 만들고 있습니다. 지연이가 다가옵니다.

"우선아, 나도 같이 해도 돼?"

우선이는 성 만들기를 잠시 멈춥니다. 갑자기 다가온 지연이를 바라봅니다.

"나 이거 가져간다!"

지연이는 우선이의 침묵을 허락으로 해석합니다. 지연이가 블록을 가지고 가서 다른 건축물을 쌓아 올립니다.

"주라고!"

우선이가 화를 내며 지연이 손에 든 블록을 낚아챕니다. 지연이도
"나 이거 만들잖아! 같이 하기로 했잖아!"
라고 화내며 우선이가 가져간 블록을 다시 뺏어옵니다. 성을 쌓고 있던 우선이가 바구니에 있는 블록을 던지며 복도로 나가 훌쩍입니다.

보통 아이 같으면 "내가 가져가라고 대답 안 했잖아!"라고 지연이의 말에 대꾸했을 것입니다. 하지만 우선이는 기분이 나쁘다는 것을 물건 던지기로 표현하고는 그 자리를 떠나버립니다. 그러면 지연이와 주변 친구들은 선생님에게 우르르 몰려와서 우선이가 블록을 던지고 가버렸다고 이야기합니다. 물건을 던진 우선이의 마음을 읽는 친구는 없습니다. 모두 우선이의 마지막 행동만 기억합니다. 물건을 던지는 것은 나쁜 행동이니까 선생님에게 이르는 것은 정당한 일이라고 생각합니다. 선생님 외에 누구도 우선이가 복도로 나가서 벽을 보고 눈물을 훌쩍이는 것을 보지 못합니다.

선생님은 중재가 필요한 장면이라 여기고 지연이와 우선이를 복도로 불러서 이야기 나눕니다. 선생님이 말을 걸자 우선이는 다시 마스크를 올려 눈을 가립니다. 마스크 아래로 눈물이 또르르 흘러내립니다. 지연이는 선생님을 바라보느라 우선이를 보지 못합니다.

"우선아, 선생님이 우선이 마음을 말해 볼 테니까 맞는지 들어봐!"

우선이가 고개를 끄덕입니다.

"지연아, 우선이는 생각을 입 밖으로 소리 내어 말하는 데 시간이 좀 걸려. 그래서 지연이가 물어봤을 때 대답하려고 준비하는 중이었던 거야. 우선아, 선생님 말이 맞아?"

"네."

우선이가 눈물을 닦으며 대답합니다.

"막 대답하려고 하는데 지연이가 대답을 듣지도 않고 블록을 가져가서 우선이가 기분이 나빴나 봐. 맞아?"

"네."

"우선이는 기분이 나빴던 거야. 그래서 블록을 던지고 나간 거지?"

"네."

"지연이는 우선이가 왜 블록을 던졌는지 이해했어?"

"네."

그제야 지연이가 우선이를 바라봅니다.

"그런데 우선아, 친구는 말하지 않으면 몰라. 아까 수업시간에 조별 활동할 때도 우선이는 할 말을 생각하고 있었던 거지?"

우선이가 고개를 끄덕입니다.

"그럴 때는 '나는 생각 중이니까 기다려 줘!'라고 하거나 '너 먼저 해!'라고 친구들에게 말해 줘야 해. 아무 말도 안 하면 친구들은 우선이의 마음을 몰라."

"네."

대답하는 우선이의 목소리가 가벼워졌습니다.

"우선이는 화가 나거나 속상하면 말보다 눈물이 앞서는 거지? 눈물 나는 게 부끄러워서 마스크를 올리는 거고?"

"맞아요."

하고 우선이가 배시시 웃습니다.

"지연이는 우선이가 이런 특징을 가지고 있다는 것을 알고 있으면 좋겠어."

지연이도 가볍게 고개를 끄덕입니다.

"그래도 화가 난다고 물건을 던진 건 우선이가 잘못한 거야. 알지? 친구가 다칠 수 있어!"

"네."

"그럼, 오늘 이 문제는 어떻게 해결할까? 용기 있는 친구가 먼저 사과하면 좋을 텐데…"

선생님이 둘을 번갈아 보며 말합니다.

지연이가 먼저 사과하겠다고 손을 듭니다.

"우선아, 내가 네 대답 안 듣고 블록을 가져가서 미안해."

하며 우선이 어깨를 쓸어내립니다.

"지연아, 내가 너한테 블록 던져서 미안해. 다음에는 말로 할게."

하고 우선이도 지연이의 어깨를 쓸어내립니다.

💬 무거웠던 두 아이의 표정이 가볍게 바뀌고, 미안하다고 말하면서 어깨를 쓸어내리는 기계적인 동작이 귀엽습니다. 아이들을 교실로 돌려보내면서 선생님은 이렇게 또 한 차례 시달렸습니다.

1학년은 모든 상황을 자기중심적으로 해석하기 때문에 친구의 감정을 헤아리는 것이 어렵습니다. 마스크까지 쓰고 생활하다 보니 미간과 눈빛만으로 상대의 감정을 알아채는 것은 정말 힘든 일입니다. 선생님이 아니면 자신의 마음과 생각을 읽어 주는 사람이 없어서 중재가 필요한 상황이 하루에도 여러 건씩 있습니다. 이런 날은 눈빛만 보고도 선생님의 컨디션을 알아채고 눈치껏 행동하는 6학년이 많이 그리워집니다.

04
아는 척! 잘난 척!

● × ÷ ✛

은우는 평소에 독서를 많이 해서 친구들보다 사회과학 분야의 지식이 넓고 깊습니다. 책을 통한 간접경험이 풍부하고 논리적인 사고력도 좋습니다. 수업시간에 친구들이 모르는 어휘를 사용하면서 발표하고, 단계가 있는 놀이과정을 상세하게 설명하는 것을 잘합니다. 우주, 공룡, 태풍 등 관심사가 광범위하고, 무엇보다 자신이 알고 있는 것과 새롭게 알게 된 것을 다른 사람에게 말하는 것을 즐깁니다. 아침에 등교하면 선생님에게 인사한 후 자기 자리에 가지 않고 어제 읽었던 책 내용을 소개하기도 합니다. 새롭게 습득한 지식을 다른 사람에게 전달하면서 내면화하고 있는 것 같습니다.

쉬는 시간에 갑자기 교실이 소란스럽습니다. 은우가 화를 내며 정선이에게 따집니다.

"내가 언제 잘난 척했냐? 말해 봐! 말해 봐!"

은우의 갑작스러운 돌변에 선생님과 친구들의 시선이 집중됩니다.

"아니, 네가…"

"내가 언제? 내가 언제!"

은우는 정선이가 대답할 틈을 주지 않고 따집니다. 아마 정선이가 은우에게 잘난 척하지 말라고 했나 봅니다. 정선이는 은우의 거센 항의를 감당하지 못하고 그 자리를 뜹니다. 억울함이 남아 있는 은우는 주변 친구들을 한 명씩 붙잡고 묻습니다.

"지희야, 내가 잘난 척하는 것 봤냐?"

"나야 모르지!"

지희의 대답이 시원치 않자, 지나가는 영준이를 붙잡습니다.

"영준아, 너는 내가 잘난 척하는 것 봤냐? 정선이가 나보고 잘난 척한단다!"

"아, 몰라!"

영준이가 어리둥절한 표정으로 대답합니다. 영준이의 대답도 은우의 억울한 감정을 해소시켜 주지 못했습니다. 은우가 종합장에 그림을 그리고 있는 예서에게 다가갑니다.

"예서야, 내가 언제 잘난 척했어? 내가 잘난 척했냐고?"

예서가 몸을 돌리며 귀찮다는 듯이 말합니다.

"그래. 안 그런다고 해 줄게."

하고 뒤돌아 그리던 그림을 계속 그립니다.

"내가 잘난 척했단다. 참 나!"

은우는 씩씩거리며 자기 자리에 와서 앉습니다. 그리고 수업 시간이 되었습니다.

또다시 쉬는 시간이 되었습니다. 수업 중에 마무리하지 못한 활동이 있어 몇몇 아이들이 선생님 옆으로 와서 교과서에 정리한 내용을 확인받습니다. 주변에 관심이 많은 은우가 선생님 책상에 몸을 기댄 채 맞은편에 줄 서 있는 친구들에게 말을 겁니다.

"2 더하기 2는 뭐게?"

줄 서 있던 아진이가 "4"라고 대답합니다.

"4 더하기 4는 뭐게?"

아진이와 주변 친구들이 "8"이라고 대답합니다.

"8 더하기 8은 뭐게?"

아진이와 주변 친구들이 "16"이라고 대답합니다.

"16 더하기 16은 뭐게?"

누구는 "22"라고 대답하고, 누구는 "32"라고 대답합니다.

"정답은 32지! 32 더하기 32는 뭐게?"

친구들이 대답하지 못하고 머뭇거립니다. 머뭇거리는 그 순간 매우 빠르게 은우가 스스로 대답합니다.

"32 더하기 32는 64지. 64 더하기 64는?"

친구들이 말없이 흩어집니다. 선생님은 은우에게 옆으로 오라고 손짓합니다. 선생님이 은우에게 귓속말로 조용히 속삭입니다.

"은우야, 그게 바로 잘난 척이야. 친구들은 아직 두 자리 수의 덧셈을 배우지 않았는데 은우가 어려운 문제를 냈잖아. 친구들이 8까지는 재미있게 대답했는데, 네가 16 더하기 16이라고 하니까 친구들 표정이 변하더라. 못 봤어?"

은우가 눈을 동그랗게 뜹니다.

"은우가 덧셈도 잘하고 아는 것도 많다는 것을 선생님은 잘 알아. 친구들도 은우는 똑똑하다고 하지. 그런데 친구들에게 이야기할 때는 좀 주의해야 할 것 같아. 잘난 척으로 보일 수 있거든. 무슨 뜻인지 알지?"

"아! 네."

어느 날 인정이가 선생님께 다가와 조용히 묻습니다.
"선생님, 근데요. 은우는 왜 그렇게 똑똑해요?"
"은우가 똑똑하긴 하지. 궁금해? 알려줄까?"
"네."
하고 대답하는 인정이의 눈이 초롱초롱 빛납니다.
"은우는 책을 많이 읽어. 주말에는 항상 도서관에 간대. 도서관을 세 군데나 다니고 있단다."

"그래요?"

"응. 아침 독서할 때 은우가 읽는 책을 한 번 봐봐. 글밥이 엄청 많아. 우리 반 학급문고에 있는 책하고는 수준이 다르더라. 두께부터가 달라."

"아아!"

"다음에 은우가 어떤 책을 읽는지 한 번 관찰해 볼래?"

"네."

"근데 인정이는 도서관에 자주 가?"

예상 밖의 질문을 받은 인정이가 당황합니다.

"잉? 몰라요!"

하고 뒤돌아 자기 자리로 들어갑니다.

은우는 아는 것을 뽐내고 싶다는 의도 없이 자기가 아는 것을, 책에서 읽은 것을 재미있게 이야기합니다. 그것이 친구들이 말하는 잘난 척이라는 것을 인식하지 못합니다. 다른 사람이 잘난 척하는 것은 잘 알아채도 자신이 그런다는 것을 깨닫기는 어렵습니다. 사고력과 이해력이 좋은 은우는 선생님의 말씀을 잘 알아들었습니다. 선생님은 수업시간 내에 은우가 아는 것을 친구들에게 말할 기회를 많이 주려고 노력합니다. 가끔 고급 지식이 방출되기는 하지만, 다른 친구들이 이해하기 힘든 과학 원리나 용어를 설명할 때면 선생님이 "오케이! 거기까지."라고 말해 줍니다. 다른 아이들의 열등감이 싹트지 않는 선에서 칭찬하고 마무리합니다.

　일상생활에서 모르는 것은 모른 척하지 않아도 드러납니다. 대부분의 아이들은 몰라도 아는 척, 아는 것은 더 아는 척합니다. 척을 통해 자신의 존재감을 드러내고 선생님의 관심이 집중되기를 원합니다. 하지만 다수에게 척 증상이 나타나면 수업을 진행하기 어렵습니다. 지금 말하면 친구가 생각할 기회를 빼앗는 것이라고 이야기해 줍니다. '벼는 익을수록 고개를 숙인다.'는 속담도 가르칩니다. 아이들이 척하려는 모양새를 보이면 "익은 벼 어디 있나요?"라고 두리번거리며 찾는 흉내를 냅니다. 척하려고 올라간 어깨가 부드럽게 내려앉습니다. 그 모습이 귀엽고 사랑스러울 때가 많습니다.

05
'하지 마!' 하면 제발 멈춰다오

● × ÷ ✚

적응기간 내내 정환이는 쑥스러움이 많은 아이였습니다. 낯가림이 심해서 교실에 들어오면 선생님이 먼저 인사해도 눈치만 보다가 대꾸 없이 자기 자리에 조용히 앉았습니다. 발표할 때면 옆 친구에게 들릴 듯 말 듯한 작은 목소리로 이야기해서 크게 말해 달라는 요청을 많이 받았습니다. 그래서 학교생활에 도움이 많이 필요하고 손이 많이 갈 것 같다는 생각이 들었습니다.

그런데 적응기간이 끝나자 전혀 다른 아이가 되었습니다. 정환이는 진짜로 교실과 선생님, 친구들에게 적응하는 중이었던 것입니다. 앉아서 말을 얼마나 많이 하는지, 목소리는 또 얼마나 큰지 모릅니다. 수업 내용과 상관없이 떠오르는 것이 있으면 거침없이 내뱉고 맥락에 맞지 않는 질문을 합니다. 시도 때도 없이 흉내 내는 소리를 내고 즐겁다며 크게 웃습니다. 선생님이 무엇인가를 설명하려고 하면 자기가 알고 있는 것을 다 쏟아내고 질문을 해서 수업 진행에 어려움을 겪기 시작했습니다.

  교우 관계도 달라졌습니다. 별난 소리를 내고 웃긴 표정을 잘 지어서 정환이 주변은 항상 웃음소리가 끊이질 않습니다. 그러나 장난할 때와 장소를 구분하지 못해 다른 친구들에게 영향을 주기 시작했습니다. 수업시간에 진행을 방해하면 선생님이 그 수위를 조절하지만, 쉬는 시간에는 거칠 것 하나 없이 말장난, 몸장난 대장이 됩니다. 정환이의 장난이 심해지자 같이 웃던 친구들이 불편해하기 시작했습니다. 특히 성숙도가 다른 여자 친구들의 불만이 증가했습니다.

  어느 날, 인하가 선생님에게 다가와 퉁명스럽게 말합니다.

"선생님, 정환이가 저 보고 '엄마'래요."

"왜?"

"몰라요. 그냥 '엄마'래요."

"정환이가 '엄마'라고 하는 것이 싫으면 '하지 마! 나를 엄마라고 부르는 것이 싫어!'라고 두 번 이야기해 봐! 세 번째에 선생님에게 도움을 요청할래?"

"네."

  인하는 1월생이라 다른 친구들보다 신체적·정서적으로 성숙한 아이입니다. 키도 우리 반에서 제일 큽니다. 인하는 남동생이 있어서 처음에는 동생이랑 놀아 주듯이 정환이의 장난을 같이 웃으며 받아 주었습니다. 하지만 이제 정환이의 반복되는 장난이 싫습니다. 정환이는 인하의 표정 변화를 읽지 못하고 여전히 즐겁습니다. 장난을 멈춰야 할 때를 자각하지 못하는 정환이는 매번 선생님의 호출을 받습니다.

"정환아, 선생님이 정환이를 왜 불렀을까?"

"몰라요. 왜 불렀어요?"

정환이는 여전히 싱글벙글하며 아기 목소리로 대답합니다. 인하가 선생님 옆에 있고 선생님이 자기를 불렀는데도 왜 불렀는지 상황 파악을 못할 정도로 성숙함이 아쉬운 아이입니다.

"인하에게 '엄마'라고 하는 이유가 있어? 키가 커서 그래?"

"아니요. 몰라요."

"그래? 인하는 정환이가 자기를 '엄마'라고 부르는 것 듣기 싫대. 우리 인하랑 같이 이야기해 보는 게 좋을 것 같아."

인하가 정환이 옆에 섭니다.

"인하야, 그 말이 얼마나 싫은지 정환이에게 알려주자."

"정환아, 네가 나 보고 '엄마'라고 안 했으면 좋겠어. 네가 '엄마'라고 할 때마다 기분이 나빠. 다음에는 안 그러면 좋겠어!"

인하가 진지하고 굳은 표정으로 말하자 정환이는 그제야 고개를 끄덕입니다.

"그럼 어떻게 해야 하지?"

"내가 '엄마'라고 해서 미안해! 다음부터는 안 그럴게!"

라고 말하며 익숙한 듯 손으로 인하의 어깨를 쓸어내립니다.

정환이를 자리로 돌려보내기 전에 또 한 번 다짐을 받습니다.

"저는 친구가 '하지 마!'라고 말하면 멈추겠습니다."

비록 오래가지 못해도 매번 사과한 후에는 다짐을 받습니다.

정환이는 '엄마'라는 말을 다른 말로 바꿔 인하에게 말장난을 합니다. 장난 빈도가 늘어날수록 인하가 선생님에게 오는 횟수도 많아집니다. 불만이 폭발할 때 선생님은 전략을 바꿉니다. 일부러 시간을 내어 인하를 부릅니다.

"인하야, 정환이가 말로 하는 장난, 몸으로 하는 장난이 많지?"

"네."

"인하는 정환이의 장난이 즐거울 때도 있지만 불편할 때도 있잖아? 그래서 선생님이 정환이에 대해 알려주려고 해. 잘 들어 봐!"

인하가 고개를 끄덕입니다.

"인하는 수업시간에 선생님 말씀도 잘 듣고 선생님이 하지 말라고 하면 안 하잖아? 그런데 정환이는 그게 잘 안 돼. 인하는 남동생이 있지? 남동생과 정환이가 비슷하지 않아?"

"맞아요. 제 동생처럼 말을 안 들어요."

하고 웃습니다.

"맞아. 정환이는 매번 다짐하지만 장난할 때는 즐거움이 먼저라 깜빡하고 다짐했던 것을 잘 잊어. 돌아서면 잊어버리는 것 같을 때도 있어. 지금 정환이랑 놀고 있는 지운이 보이지? 지운이는 어떤 것 같아?"

"재미있는 것 같아요."

"그렇지. 선생님이 지운이에게 물어봤는데 지운이는 정환이의 장난이 아무렇지도 않대. 그냥 재미있대. 정환이 장난이 싫지 않은 친구도 있어. 그렇지?"

"네."

"그래서 인하가 할 수 있는 것을 생각해 봤어."

"뭐요?"

"정환이는 인하 동생처럼 아직 어려서 장난이 심해. 멈춰야 할 때를 잘 모르고 누구와 장난해야 서로 즐거운지 구분을 못 해. 그러니까 인하가 구분할 수 있도록 도와줘야 해. 어떻게 해야 하냐면 정환이의 장난이 싫을 때는 동생에게 화를 내듯이 정색하고 '나한테는 하지마!'라고 정확하게 말해 줘야 해. 이때 중요한 것은 '나한테는'이야. 그래야 정환이가 '아! 인하는 이게 싫구나! 그럼 다른 친구랑 놀아야지.'라고 생각할 거야. 어떻게 하라고?"

"나한테는 하지마! 라고요"

"그래. 잘했어. 다음에는 선생님에게 오기 전에 그렇게 한 번 해 볼 수 있겠어? 선생님이 부탁할게!"

"네."

"선생님이 너에게 이런 말을 하는 이유를 알겠어?"

"네."

"어려운 이야기인데 잘 들어줘서 고마워!"

하고 어깨를 토닥여 줍니다.

이후 인하는 정환이 장난 때문에 선생님에게 이르러 오지 않았습니다. 선생님의 의도를 잘 이해했고 자신이 받아줄 수 있는 장난과 그렇지 않은 장난의 범위를 정환이에게 정확하게 구분해 주었습니다. 인하가 얼마나 대견하고 고마운지 모릅니다.

장난할 때와 장소, 대상을 구분하는 것은 매우 중요합니다.

정환이가 벽시계 소리를 낼 때 수업시간이라면 진행에 방해가 되므로 정환이의 흉내 내기는 단점이 됩니다. 쉬는 시간에 했을 때는 친구들을 즐겁게 해 주고 친목을 다져 주므로 장점이 됩니다.

정환이가 어깨를 치고 웃습니다. 장난 취향이 같은 친구는 어깨를 치며 같이 웃지만, 그렇지 않은 친구는 가만히 있는 자신을 건드리는 정환이가 싫습니다. 쿵짝이 맞는 친구와 하는 장난은 즐겁지만, 그렇지 않은 친구에게 하는 장난은 폭력이 됩니다.

1학년은 상황 판단력이 부족해 서로의 특징을 스스로 이해하는 것이 어렵습니다. 처음에는 문제가 되고 불편을 주는 아이의 훈육에 집중합니다. 하지만 너무 어려서 즉각적인 개선이 힘들고 변화가 더딜 때는 성숙한 아이에게 도움을 요청합니다. 그러면 상황이 훨씬 빨리 안정되고 편안해집니다. 서로 달라서 쉽게 부딪히지만, 선생님이 이야기하면 다름을 이해하고 빠르게 수용해 줍니다. 아이들은 조율과 중재하는 과정을 통해 날마다 서로를 알아 가고 함께 성장해 가고 있습니다.

06
이만 원과 이천 원 그리고 이십 원

● × ÷ +

　우리 반 주빈이와 옆 반 하은이는 하교 후 같은 돌봄교실을 이용합니다. 주빈이는 언어 구사력과 가정의 생활 능력이 양호하고 형제가 많아 눈치가 빠릅니다. 하지만 부모의 교육관에 의해 한글을 익히지 않은 채 입학했습니다. 생활 속에서 수를 익히거나 접한 경험도 적어서 수가 어렵고 낯선 아이입니다. 하영이 역시 한글 보충 학습을 하는 아이로, 학습이 늦고 실생활과 관련된 경험이 부족해서 여러모로 도움이 필요합니다.

　어느 날, 점심시간에 하은이 담임 선생님이 저를 찾아왔습니다. 우리 반 주빈이가 돌봄교실에 같이 다니는 하은이에게 이만 원을 달라고 했답니다. 하은이는 주빈이에게 준 돈을 돌려받고 싶다는 이야기였습니다. 사실이라면 이것은 학교폭력 중 금품 갈취에 해당하는 일로 가볍게 넘길 상황이 아니었습니다. 일단 저는 하교 후에 주빈이와 대화하고 하은이 담임 선생님은 하은이 어머니에게 확인 전화를 하기로 했습니다. 마침 한글 보충수업을 하는 날이라 주빈이와 하은이가 각 교실에 자연스럽게 남게 되었습니다.

"주빈아, 옆 반 하은이 알지?"

"네. 돌봄교실에서 매일 만나요."

"그래? 혹시 주빈이가 하은이에게 돈 달라고 한 적 있어?"

눈치 빠른 주빈이는 묻지 않은 것까지 대답합니다.

"네. 하영이가 자기 돈 많다고 자랑해서… 제가 보여 달라고 해서…"

"그래서?"

"저도 돈 있다고 해서…"

"주빈이도 돈이 있었어?"

"네. 저한테는 동전이 있었는데 하은이가 바꾸자고 해서…"

"주빈이 동전이랑 하은이 종이 돈이랑 바꾼거야?"

"네."

"얼마를 바꾼 거야?"

"제 돈 이십 원이랑 하은이 돈 이천 원이요. 근데 하은이가 다시 달라고 해서… 제가 집에서 심부름을 한 번하면 백 원을 받는데 아직 돈이 없어서… 심부름 많이 해서 다음 주에 주려고 했는데…"

주빈이는 선생님이 알게 된 것이 몹시 불편한가 봅니다.

"이만 원이 아니고 이천 원?"

"네."

이만 원과 이천 원, 여러 번 되물었으나 주빈이는 계속 이천 원이라고 했습니다.

"몇 번이나 바꿨어?"

"지난 번에, 지난주에 딱 한 번 바꿨는데요."

그래서 다시 물었습니다.

"주빈아, 잘 생각해 봐. 하은이랑 바꾼 돈이 보라색 같은 색이었어? 아니면 녹색 같은 색이었어?"

"녹색? 아니 보라색 같은 색이었어요."

돈의 단위를 잘 모르는 것 같아 TV에 천 원, 오천 원, 만 원권을 띄워 놓고 어느 것인지 골라 보도록 했습니다. 주빈이는 천 원을 가리켰습니다.

"그렇구나! 확실하지?"

"네."

이번에는 하은이에게 확인할 차례입니다. 하은이와 하은이 담임 선생님이 우리 반으로 왔습니다. 같이 TV를 보면서 하은이에게 물었습니다.

"하은아, 주빈이랑 지난주에 돈 바꿨잖아? 어떤 색 돈으로 바꿨는지 한 번 봐."

하은이 역시 천 원을 가리켰습니다.

"하은아, 이건 천 원인데 이걸 주빈이에게 두 장 주고 너는 이십 원을 받았다는 거지?"

"네."

"그렇구나! 그럼 하은이가 이천 원이라고 말해야 하는데 담임 선생님께 이만 원이라고 잘못 말씀드린 거구나! 맞아?"

"네."

하은이가 눈을 끔뻑거리며 대답합니다. 저와 옆 반 선생님의 눈이 마주칩니다. 이만 원이 아니라 이천 원이어서 다행이라는 안도감이 듭니다. 그리고 '둘 다 돈의 단위와 가치를 모르는구나! 아이들의 수준이 이 정도구나!'라는 생각이 담긴 한숨을 서로 들키지 않게 나눴습니다.

"오늘 하은이는 서로 바꾼 돈을 돌려받고 싶다고 담임 선생님께 말씀드린 거지?"

"네. 엄마가 다시 받아오라고 했어요."

"그래? 그럼 이렇게 하자. 선생님은 이 일을 주빈이 엄마한테 말씀드려서 내일 주빈이가 이천 원을 가져오도록 할게. 내일 아침 방송 시작하는 음악이 나오면 복도에서 서로 만나자. 너는 이십 원을 들고, 주빈이는 이천 원을 들고. 어때?"

"좋아요."

"그래! 그렇게 하자."

하고 두 아이에게 천 원과 만 원의 가치에 대해 지도하고, 금품 거래에 대한 주의를 주었습니다. 학교폭력과 연계하여 일장 연설도 하였습니다. '학교에 돈 가지고 오지 않기!', '친구랑 돈거래하지 않기!', '친구에게 주고 싶은 것이 있을 때는 반드시 부모님께 허락받기!' 등 세 가지를 다짐하였습니다.

"주빈아, 그런데 이천 원 어디에 썼어?"

"누나랑 아이스크림 사 먹고 지금은 없어요."

"알겠어. 선생님이 엄마한테 전화드릴 거야. 내일 이천 원 가져오자."

"네."

"그럼, 우리 한글 공부할까?"

한글수업을 마치고 옆 반 선생님에게 하은이 엄마와 통화한 결과를 들었습니다. 하은이 어머니를 통해 한 가지 사실을 더 알게 되었습니다. 하은이가 이천 원으로 교환한 것은 이십 원 외에 스티커 몇 장이 더 있었습니다. 그래서 하은이 어머니는 이미 사라진 스티커를 대신할 다른 캐릭터 스티커와 이십 원을 보내 주기로 했다는 내용이었습니다.

주빈이 어머니에게 이 사실을 알리자 다음 날 이천 원을 보내 주기로 했습니다. 주빈이 어머니는 주빈이가 친구에게 돈을 달라고 하고, 교환했다는 이야기를 듣고 많이 놀랐습니다. 가정에서도 지도할 것이니 선생님이 눈물 쏙 빠지게 크게 혼을 내달라고 부탁했습니다.

다음 날, 아침 방송을 알리는 음악이 나오자 복도에서 선생님과 주빈이, 하은이와 하은이 담임 선생님이 만났습니다. 서로 재교환하고 어제 다짐했던 내용을 되새기는 시간을 가졌습니다. 주빈이와 하은이에게 친구들이 돈을 주고받는 행위를 목격하면 바로 선생님에게 알리도록 했습니다. 금품 거래 신고자로 임명한다고 책임감을 부여해 주면서 대화를 마쳤습니다.

금품과 관련된 사건은 1학년에서 종종 발생합니다. 할아버지가 아이스크림 사 먹으라고 준 만 원을 "나는 아까 아이스크림 사 먹었어. 이것은 너 가져!"라고 친구에게 주거나 "친구가 나 가지라고 줬어!"라고 대가 없이 돈을 받아서 집으로 가져옵니다. 돈의 단위나 가치를 모르고 돈을 직접 사용해 본 경험이 적은 경우라고 생각합니다.

반대로 돈의 가치를 알고 친구를 괴롭히기도 합니다. 친구가 열쇠고리가 예쁘다고 하자 "내가 내일 줄게!"라고 쉽게 약속합니다. 집에 열쇠고리 여분이 없어서 줄 수 없다고 하자 약속을 받은 친구는 화가 납니다. 약속을 안 지키는 것은 나쁜 것이니 돈으로 갚으라고 요구합니다. 며칠을 끈질기게 약속 지키라고, 돈 달라고 요구합니다. 자신의 행위가 금품 갈취와 같다는 것도 모르고, 친구를 괴롭히는 학교폭력이라는 것도 인식하지 못합니다. 오히려 약속을 안 지킨 그 친구 때문에 속상하다고 선생님에게 이르면서 화 난 감정을 토로합니다.

선생님은 끊임없이 학교폭력 예방교육을 합니다. 이와 같은 사례들이 발생할 때마다 더욱 강조합니다. 학교폭력에 해당되지 않지만 학교폭력으로 발전될 수 있는 작은 사안도 놓치지 않고, 그와 같은 언행을 지속하면 어떻게 되는지 설명하고 이해시킵니다. 그와 같은 말과 행동은 학교폭력이 될 수 있다고 이야기해 주면 아이들은 비슷한 장면을 경험했을 때 "선생님, 그렇게 하면 학교폭력이죠?"라고 묻습니다. 학교폭력의 개념을 형성하고 생활 속에서 예방하는 방법을 습득하는 과정 중에 있습니다.

부모는 비슷한 일로 선생님의 전화를 받으면 많이 당황할 것입니다. 이와 같은 1학년의 특징을 알고 경험을 통해 성장하고 있는 아이들을 응원하는 마음으로 함께 지도하면 좋겠습니다.

07
선생님은 좋겠다!

● × ÷ ＋

    적응기간에는 매일 알림장에 다음 날 발표할 주제를 적어 주고 발표하는 연습을 해 오라고 안내합니다. 자녀의 학교 적응에 관심이 있는 부모님들은 집에서 여러 번 연습한 후 등교시킵니다.
    은진이는 항상 또박또박 자신 있게 발표했습니다. 그래서 선생님은 발표할 때마다 은진이가 가진 긴장감을 느끼지 못했습니다.

    어느 날, 그림 발표를 하면서 실물화상기를 사용하였습니다. 선생님은 스케치북이 TV 화면에 잘 나오도록 실물화상기를 조작합니다. 아이들은 실물화상기에 비친 자신의 그림을 포인터로 가리키며 무엇을 그렸는지 설명합니다. 자기 자리가 아닌 교실 앞으로 나와 하는 첫 번째 발표입니다. 잘한 점을 친구들에게 칭찬받고, 발표가 끝날 때마다 개별로 선생님이 칭찬해 주는 수업입니다.

은진이 차례가 되었습니다. 은진이가 선생님 옆에 섰습니다. 가슴이 올라갔다 내려가는 것을 보니 깊은 숨을 쉬는 것 같습니다. 포인터를 잡으려고 손이 움직입니다. 그 순간 은진이의 긴장과 떨림이 선생님에게 전달됩니다. 옆에 있지 않으면 모를 정도의 아주 미세한 몸 떨림을 아직도 생생하게 기억합니다. 발표할 때 목소리 크기도 평소와 같았고, 바른 자세를 유지하면서 성공적으로 발표를 마쳤습니다.

그날 이후 선생님은 은진이를 새롭게 보기 시작합니다. 발표할 때마다 얼마나 애를 쓰고 있는지 알기에 아무도 모르지만 은진이가 발표할 때는 같이 호흡해 줍니다.

얼마 지나지 않아 다시 앞에 나와서 발표하는 시간이 되었습니다. 가족이나 친척과 함께 찍은 사진을 보여 주고 사진 속 인물들이 누구인지 알맞은 호칭을 사용하여 발표하는 수업입니다. 이번에는 선생님의 긴 지시봉을 처음 만져 보고 인물을 소개할 때 사용하도록 하였습니다.

은진이가 TV 옆에 섰습니다. 선생님과의 거리는 1m, 몸 떨림은 느껴지지 않습니다.

"지금부터 저의 발표를 시작하겠습니다. 이 사진은 동생 돌잔치 때 찍은 사진입니다."

은진이가 지시봉을 듭니다.

"이 사람은 저희 아… "

은진이는 들고 있던 지시봉을 내리고 선생님을 바라봅니다. 눈에 눈물이 그렁그렁 찼습니다.

"은진아, 왜 그래? 어디 아파?"

조용히 선생님에게 다가와서 울먹이며 말합니다.

"선생님, 떨려서 못하겠어요."

"그랬구나! 괜찮아. 그럴 수 있어."

선생님이 등을 토닥여 줄 때 친구들이 외칩니다.

"은진아, 괜찮아! 다음에 잘하면 돼!"

"나도 엄청 떨렸는데…"

라고 친구들이 응원합니다.

"떨렸는데도 용기 내서 앞에 나온 은진이에게 박수 한 번 줄까요?"

친구들이 함성과 함께 박수를 보냅니다.

은진이는 자기 자리에서 발표할 때는 괜찮은데 앞에 나와서 발표하면 많이 떨린다고 합니다. 그러나 시간이 지날수록 발표가 익숙해지고 활발한 모습을 보입니다.

9월이 되었습니다. 본교는 9월에 학부모 공개수업을 합니다. 아이들은 부모님이 학교에 오는 날이면 아침부터 흥분합니다. 선생님의 이야기를 듣지 않습니다. 참관일에 흥분한 아이는 말이 많아지고, 크게 긴장한 아이는 위축됩니다. 그래서 선생님은 2~3일 전부터 수업시간에 이미지 훈련을 합니다. 교실 뒤에 부모님들이 ㄷ자로 둘러서서 자신을 보고 있는 장면을 상상하라고 말이죠.

"부모님께서 수업 참관일에 누구를 보러 오시는지 아나요?"

"음... 우리요?"

"맞아요. 부모님은 뒤에 서서 앞을 보고 계시지만 선생님을 보는 것이 아닙니다. 여러분을 보는 겁니다. 내 아이가 선생님 말씀을 잘 듣고 있는지, 수업 중 딴짓을 하지 않는지, 발표는 큰 소리로 잘하는지, 친구가 발표할 때 바른 자세로 바라보는지, 친구와 협동을 잘하는지, 조별 활동은 어떻게 하는지 등 모두 여러분을 보러 오시는 겁니다."

그러면서 공개수업할 때 주의가 필요한 학생을 바라보면서 말합니다.

"우진아, 부모님이 선생님을 보러 오는 것이 아니라 널 보러 오신다고. 알겠어?"

참관일 며칠 전부터 어리광형, 흥분형, 무기력형으로 전환될 것 같은 아이들을 단속하느라 강조하는 말입니다.

학부모 수업 참관일이 되었습니다. 부모님들이 아이들의 외모에 신경을 많이 쓰는 날입니다. 아이들은 여느 날보다 깨끗하고 예쁜 옷을 입고 등교합니다. 머리도 다른 날보다 신경 써서 단정하게 묶고 옵니다. 은진이도 새 옷을 입고 왔습니다. 아침 협의시간에 오늘 일정을 안내합니다.

"2교시에는 예고한 대로 공개수업이 있습니다. 부모님께서는 1교시가 끝나고 교실에 들어오실 겁니다."

은진이가 책상에 팔을 뻗으며 턱을 팔에 괴고 엎드린 채 말합니다.

"선생님은 좋겠다!"

"왜? 뭐가?"

"엄마들이 선생님은 안 보잖아요."

선생님은 자기도 모르게 은진이를 보면서 웃습니다.

"은진이가 긴장이 많이 되나 보구나!"

"네."

걱정스러운 표정으로 대답합니다.

"걱정하지 마! 선생님은 은진이가 평상시보다 더 잘할거라 생각해. 파이팅이야!"

하며 주먹을 불끈 쥐어 보입니다.

"네."

은진이가 힘을 얻었는지 큰 목소리도 대답합니다.

그날 선생님에게 가장 인상 깊었던 순간은 학생들이 분위기 좋게 수업에 참여했던 순간이 아닙니다. 부모님들이 흐뭇해하던 순간이나 수업을 완성도 있게 마무리했던 순간도 아닙니다. '선생님은 좋겠다.'라고 말한 은진이가 선생님의 응원에 힘입어 수업시간에 떨지 않고 씩씩하게 발표한 장면이 가장 기억에 남습니다.

누군가 내 말을 귀담아 들어 준다는 것!, 내 말이 다른 사람에게 영향을 준다는 것!

이래서 선생님은 말 한마디, 행동 하나에 신중하고 또 신중하게 됩니다.

CHAPTER 05

자주 하는 질문 Q&A

Q 유치원을 졸업하고 입학하기도 전에 아이가 학교에 가기 싫다고 하면 어떻게 하나요?

A 입학하기 전에 지나치게 생활 습관이나 학습 습관을 다잡다 보면 아이가 학교에 대해 부정적으로 생각할 수 있습니다.

"너 이렇게 행동하면 학교 못 간다!"

"학교에서 그렇게 하면 선생님께 엄청 혼나게 될 거야!"

등의 엄포는 아이의 자존감을 무너뜨립니다. 학교와 선생님에 대한 두려움이 생깁니다. 새로운 학교, 선생님, 친구들에 대한 긍정적인 이미지를 갖도록 해 주어야 합니다.

학교 가는 길을 거닐면서 긍정적인 대화를 나누고 학교생활에 대한 기대를 갖도록 해 줍니다. 학교 주변을 둘러보고 운동장이 개방되어 있다면 운동장에서 함께 놀아 볼 것을 권합니다.

"유치원과 다르게 운동장이 엄청 넓어서 학교에 오면 마음껏 뛰어놀 수 있겠구나!"

"수돗가에 수도꼭지가 많아서 친구들과 즐겁게 손을 씻으며 대화도 할 수 있겠는 걸!"

"왜! 유치원에 없는 놀이기구도 있어."

학생이 아니면 학교에 함부로 들어갈 수 없습니다. 입학을 하면 학교에 들어갈 수 있는 자격이 생기는 것이라며 자긍심을 갖게 해 줍니다. 유치원과 다른 멋진 경험을 할 수 있다는 이야기를 들려주고, 형제자매나 자녀가 입학할 학교에 다니는 이웃 학생에게 재미있는 학교생활에 대해 듣는 기회를 주는 것도 좋습니다.

"책상 정리 안 하니? 학교에서 이렇게 하면 친구들이 지저분하다고 네 자리에 안 올 걸?"

하고 부정적으로 이야기하는 것보다
"책상 정리가 안 되어 있네. 너는 어떤 친구를 사귀고 싶어?"
"교실에서도 이렇게 책상 정리를 잘하면 선생님께 칭찬받겠구나!"
라고 스스로 생각하여 실천할 수 있도록 해 줍니다. 새로운 친구들과 선생님에 대한 기대를 가질 수 있도록 해 줘야 합니다.

Q. ADHD가 의심되어 전문기관에서 상담받고 싶은데 어떻게 하나요?

A. 주의력결핍과잉행동장애(ADHD)를 가진 아이는 두 곳 이상의 장소에서 산만하고 주의력이 부족함을 보입니다. 활동이 과하고 충동성이 나타나는 상태로 지속성이 있을 때 진단과 치료를 권합니다. 예전에는 학년에 1~2명 정도의 학생이 증상을 보였다면 최근에는 학급에 1~2명 정도로 의심 대상자가 늘어나고 있습니다.

노련한 선생님은 입학 후 1~2주일이면 ADHD가 의심되는 학생을 어렴풋이 구분할 수 있습니다. 다만 관찰기간이 짧아서 학부모가 담임 선생님의 의견을 어떻게 받아들일지 몰라 적응기간 내내 좀 더 신중하게 관찰하면서 상담기간이 될 때까지 기다립니다. 학부모가 이미 자녀의 이런 행동 특성을 인식하고 전문가와의 상담을 고려하고 있다면 담임 선생님은 솔직하고 적극적으로 학교에서 나타나는 자녀의 특징에 대해 의견을 나눌 수 있습니다. 자녀가 과잉행동이나 충동성을 보이면 친구들이 학교생활에도 영향을 줍니다. 선생님의 학급 운영이나 수업 진행에 큰 부담으로 작용합니다. 하지만 누구보다 가장 힘든 사람은 아이와 부모일 것입니다.

선생님의 소견을 듣고도 아직 어리니까 그런다고, 애들은 다 그러지 않느냐고 하는 부모는 아직 자녀를 힘이나 말로 제압할 수 있는 경우입니다. 자녀를 돌보는 데 힘에 부치지 않는 상황이라 진지하게 받아들이지 않습니다. 자녀의 체격이 작을 때는 부모의 권위나 힘으로 자녀를 훈육하고 제어할 수 있습니다. 그러나 자녀가 성장할수록, 학년이 올라갈수록 지도하는 데 어려움을 겪어 결국 주변에 도움을 요청하게 됩니다. 문제행동에 대한 진단과 치료는 빠르면 빠를수록 좋습니다.

 정서·행동 특성검사

학교에서는 1학기 중 1, 4학년을 대상으로 정서·행동 특성검사를 합니다. 학생들의 성격 특성과 정서·행동 발달 경향을 이해하고, 학생이 건강하게 성장할 수 있도록 학교와 전문기관이 도움을 주기 위해 실시합니다.

부모가 자녀의 전반적인 생활 내용을 묻는 문장을 읽고, 체크리스트에 표시하여 제출합니다. 담임 선생님이 아이를 부정적으로 볼까 염려하여 문항마다 긍정적으로 표시하면 검사의 신뢰도가 낮게 나옵니다. 신뢰도를 확인하는 문항이 조합되어 있으므로 솔직하게 표시해야 좀 더 정확한 결과를 얻을 수 있습니다.

검사 결과가 담임 선생님의 관찰 결과와 다르면 담임선생님이 재검사를 요청할 수 있습니다. 검사 결과는 서면으로 받는데 검사 결과에 따라 우선 관심이 필요한 학생은 전문기관을 연결하여 상담받을 수 있도록 지원합니다.

평상시 자녀의 행동 특성에 염려되는 부분이 있어 도움을 받고자 할 때는 정서·행동 특성검사를 할 때 전문가의 도움이나 관련 기관의 상담을 원하는지 묻는 문항에 솔직하게 답하면 됩니다. 담임 선생님과 상담하여 적극적으로 학교의 도움을 받으시길 권장합니다.

Q 학교생활 적응 문제로 담임 선생님께 전화를 받으면 어떻게 하나요?

A 1학년이 겪는 학교생활 적응 문제에는 여러 가지가 있습니다. 개인적인 기질이나 특성에서 비롯된 생활 습관이나 행동 특징은 학급 친구들에게 영향을 미칩니다. 때로는 선생님과의 관계에서 어려움을 겪기도 합니다.

주변 정리·정돈과 자기 물건 관리가 안 되어 친구들에게 불편함을 주는 행동, 말로 자기의 감정을 표현하는 것이 서툴러서 물건을 던지거나 소리 내어 우는 행동, 규칙과 질서를 무시하고 혼자 활동하거나 자기 마음대로 교실을 나가는 행동, 지나친 자신감에 친구들을 배려하지 않은 말과 행동, 선생님의 지시나 지도사항을 이행하지 않고 무시하는 행동, 폭력적이고 반항적인 태도 등 매우 다양하고 복잡하며, 때로는 언어 사용 습관이 문제가 되기도 합니다.

선생님은 학생이 위와 같은 문제를 한 번 보였다고 바로 학부모에게 알리지 않습니다. 물론 누군가에게 상처를 낸 사건이나 사고, 성과 관련된 사항은 즉시 통보하고 조치합니다. 일상적인 생활에서 나타나는 크고 작은 문제는 최소 한 달 이상 또는 열 번 이상의 지도 후에 학부모와 논의한다고 생각하시기 바랍니다.

학부모가 선생님에게 하고 싶은 말이 있을 때 '이런 문제로 전화해도 되나?'하고 최소 두세 번은 망설이다가 신중하게 통화를 결정할 것입니다. 선생님도 학부모에게 전화를 걸 때 여러 번 고민하고 망설입니다. 지속적인 지도에도 개선되지 않고 뚜렷한 변화가 없을 때 통화합니다. 가정 환경이나 부모님의 훈육 방법을 듣고 자녀에게 도움이 되도록 더 나은 방법을 찾기 위한 마음으로 전화를 합니다.

적응 문제로 선생님에게 전화를 받았다면 선생님의 이야기를 듣고 학교에서 보이는 문제행동과 그 원인을 정확하게 파악하는 것이 중요합니다. 가정과 학교에서 드러나는 행동 특성의 공통점과 차이점을 찾아 선생님과 함께 원인을 고민합니다. 가정에서 어떻게 도와야 하는지 선생님과 의논하려는 마음으로 통화를 해야 합니다.

만약 약물을 복용하거나 심리상담 등의 치료를 받는 중이라면 선생님에게 아이의 상태나 진행 정도를 솔직하게 이야기하길 권합니다. 학교에서 담임 선생님이 관찰한 내용을 치료기관에 전달하여 더욱 효과적인 상담이 될 수 있도록 하고, 담임 선생님이 배려하거나 도와야 할 부분을 이야기 나누는 것이 좋습니다.

학부모와 선생님은 자녀를 위한 교육 공동체입니다. 선생님이 학부모에게 자녀의 문제로 도움을 요청할 때 수용하는 자세로 귀담아 듣는 것이 중요합니다. 자녀가 건강하고 즐거운 학교생활을 할 수 있도록 함께 협력하는 자세가 필요합니다.

Q 상담할 때는 어떤 이야기를 나눠야 하나요?

A 학교는 학기 초 상담 주간을 운영합니다. 자녀의 학교생활에 대해 선생님과 소통하는 기회가 됩니다. 상담 주간에는 주어진 상담시간이 길지 않으므로 선생님과 이야기 나누고 싶은 부분이 무엇인지 구체적으로 생각해야 합니다. 건강 문제, 교우 관계, 생활 지도, 학습 지도, 학급 경영, 기타 여러 부문에서 자녀에 대해 필요한 정보를 전달합니다. 궁금한 점을 미리 생각해 두고 시간을 효율적으로 활용해야 합니다. 그렇지 않으면
"우리 아이는 학교에서 어떤가요?"라고 묻게 됩니다.
질문이 명확하지 않고 두루뭉술하면 선생님의 답변도 두루뭉술합니다.
1학기 상담은 주로 학부모가 말하고 선생님은 듣는 시간이 많으면 좋습니

다. 부모가 보는 자녀의 특징이나 선생님이 알아야 할 건강 문제 등을 이야기합니다. 부모의 교육 철학을 선생님과 나눌 수도 있습니다. 독서교육에 관심이 있거나, 바른 인성을 가장 중요하게 생각하거나, 예절교육을 강조하는 부모의 교육관을 담임 선생님에게 알려줍니다. 학급 경영을 할 때 담임 선생님은 일관성 있게 부모님의 교육관이 반영될 수 있도록 자녀를 지도할 것입니다. 혹시 담임 선생님의 교육관과 충돌이 있더라도 그 수위를 적절하게 조절하여 자녀가 혼란스럽지 않도록 도울 수 있습니다.

2학기에는 학부모의 간단한 질문에 담임 선생님이 말을 많이 할 수 있는 분위기를 형성하는 것이 중요합니다. 학부모가 수용적인 마음이라면 담임 선생님은 자녀의 학교생활에 대해 더 많은 정보를 제공할 것입니다. 가정에서 자녀 지도에 어려움을 겪고 있는 부분이나 1학기보다 성장한 모습을 중점으로 이야기 나눕니다. 학교에서는 어떤 변화가 있는지, 교우 관계에서 자녀가 겪는 어려움은 없는지 등을 질문하면 좋습니다. 학습면에 상담이 필요하다면 선생님이 먼저 이야기를 꺼낼 확률이 높습니다. 생활 지도나 교우 관계를 중점으로 궁금한 점을 함께 의논합니다.

상담 중에 삼가야 하는 말은 "유치원 때는…" 또는 "작년에는 안 그랬는데…"입니다. 선생님의 이야기에 동의하면 아이를 부정적으로 인식하거나 가정에 문제가 있다고 여길까 봐 염려하는 마음일 것입니다. 하지만 이런 말을 들은 선생님은 아이의 특성을 부모님이 잘 모르고 있다고 생각합니다. 부모가 아이에 대해 무관심한가 라는 생각을 가지게 됩니다.

교사는 또래의 많은 학생을 오랜 기간 만나 온 경험과 식견으로 전문성을 가지고 자녀의 특성에 대해 조심스럽게 이야기합니다. 담임 선생님이 의견을 말할 때 학부모가 수용하지 못하고 부정적이거나 거부한다는 생각이 들면 선생님은 솔직하고 자세하게 말하지 못합니다. 이런 경우 부모는 자녀의 긍정적인 면만을 듣고자 하므로 효율적인 상담이 될 수 없습니다.

또 "작년 선생님은 이렇게 하셨는데…"라고 말하는 것입니다. 긍정적이든 부정적이든 다른 선생님에 대해 이야기하는 것은 바람직하지 않습니다. 작년 담임 선생님이나 다른 선생님에 대해 이야기하는 부모는 내년 담임 선생님에게 현재 담임 선생님 이야기를 할 것이라고 예상합니다.

선생님마다 교육관이 다르고 학급 운영 방법도 다릅니다. 학급 운영에 관해 이야기 나눌 때는 선생님의 교육관을 존중하고 학급 운영에 대한 정보를 얻는 데 중점을 둡니다.

상담 주간이 아니어도 수시 상담은 언제든지 가능합니다. 선생님에게 상담 가능 일시를 문의하면 일정을 조율하여 상담할 수 있습니다. 이혼, 별거 등 가정 환경에 변화가 있다면, 선생님이 가족 관련 수업을 할 때 자녀를 배려하거나 학교생활에서 정서를 돌볼 수 있도록 알리는 것이 좋습니다.

부모 외에 아이의 즐거운 학교생활과 올바른 성장을 위해 가장 많이 고민하고 애쓰는 사람은 담임 선생님입니다. 자녀를 함께 키운다는 생각으로 학부모와 담임 선생님이 서로 신뢰하는 마음을 가지고 의견을 나눈다면 아이는 더욱 바람직하게 성장할 것입니다.

Q 준비물을 안 가져가면 혼날까요?

A 학교는 수업에 필요한 준비물을 학기가 시작되기 전에 미리 구매해 놓습니다. 그래서 수업에 필요한 물품은 대부분 선생님이 제공합니다. 개인이 준비해야 하는 기본 학습물품이나 학교에 갖춰져 있지 않은 물건을 준비해야 할 때 알림장에 필요한 품목을 적어 가져오도록 안내합니다. 창의적인 만들기를 하거나 꾸미기 수업에 필요한 개인적인 준비물입니다. 또는 자료 조사 수업과 관련된 사진, 그림 등의 수집품일 것입니다.

알림장은 집에서 보기 위해 쓰는 것이라고 반복해서 지도하지만 가정에서 알림장을 확인하지 않으면 준비물을 잊고 등교할 수 있습니다. 1학년은 부모가 꼼꼼하게 알림장을 확인하고 챙겨 주기 때문에 준비물을 갖추지 않고 등교하는 아이는 많아야 한두 명 정도입니다.

선생님은 준비물을 안 가져온 친구들을 위한 대체물을 갖추고 수업을 시작합니다. 준비물을 넉넉하게 가져오는 아이가 많으므로 나눠 쓰는 경우도 흔합니다. 준비물이 없다고 친구들 앞에서 혼내지는 않지만 집에서 알림장을 보겠다는 다짐 정도는 하도록 지도합니다.

하지만 선생님이 "ㅇㅇ에게 가위 빌려줄 사람?"하고 친구들에게 도움을 요청할 때 자신의 이름이 호명되는 것에 대한 부끄러움이나 민망함은 아이가 감수해야 합니다. 교실을 돌면서 필요한 물건을 찾고 친구에게 같이 쓰자고 하거나 빌려 달라고 부탁해야 하는 불편함도 감당해야 합니다. 원하는 대로 창의성을 발휘하지 못하거나 불만족스럽고 완성도가 떨어지는 작품을 제출할 수도 있습니다. 민망함과 불편함, 불만족 모두 아이의 몫입니다. 그렇다고 등교한 후 부모가 직접 가져다 주는 것은 바람직하지 않습니다. 불편함을 느껴야 다음에 스스로 챙기고 준비하는 자주성을 기를 수 있습니다. 아이의 교우 관계에 신경을 쓰는 부모라면 준비물을 항상 넉넉하게 챙겨 주면 좋습니다. 친절을 베푸는 기회가 되어 친구에게 고마움과 칭찬의 말을 들을 수 있습니다. 나누는 기쁨을 경험하게 되어 긍정적인 자아상을 갖게 됩니다.

준비물과 관련되지 않더라도 자녀가 일과 중에 학교에서 솔시 잃은 일로 전화했을 때 안쓰럽고 걱정스러운 마음에 부모가 한걸음에 달려오는 일은 삼가는 것이 좋습니다.

Q 핸드폰은 언제 사 주면 좋을까요?

A 안전한 등·하교와 일정 확인을 위한 통화를 목적으로 핸드폰을 사용하는 1학년 학생들이 많습니다. 키즈폰, 2G폰, 알뜰폰, 스마트폰까지 다양한 종류의 핸드폰을 사용하고 있습니다. 1학년이 사용하는 기능은 주로 통화인데 그 외 기능은 아직 활용도가 높지 않아서 분실과 관리만 주의하면 사용하는 데 큰 문제는 없습니다.

일과 중에는 핸드폰 전원을 끄는 것이 원칙입니다. 통화할 일이 있을 때는 선생님의 허락을 받은 후 사용하고, 핸드폰이 없다면 교내에 설치된 콜렉트 콜을 활용하도록 안내합니다. 핸드폰이 없다고 자녀가 학교생활에 불이익이나 불편을 겪지는 않습니다.

핸드폰은 사 주는 시기보다 어떻게 활용하느냐가 중요합니다. 자녀가 핸드폰을 사 달라고 하면 우선 왜 필요한지 진지하게 가족회의를 해 보길 권합니다. 친구들이 가지고 있어서가 아니라 활용도에 초점을 맞추어 언제, 어떻게 사용할 것인지 명확하게 설명할 수 있어야 합니다. 부모가 인정할 만한 필요조건이 충족되었을 때 구매합니다. 분실과 관리 소홀로 인한 손해가 발생했을 때 겪게 되는 문제점과 어려움에 대해서도 함께 이야기 나누는 과정이 필요합니다.

자녀에게 핸드폰을 사 주었다면 핸드폰이 독이 될지 약이 될지 자녀 스스로 판단하여 현명하게 활용할 수 있도록 지속적인 관심을 가져야 합니다. 최근 문자, 게임, 카톡 등으로 인한 사이버폭력이 심각한 학교폭력으로 대두되고 있습니다. 이에 대한 우려와 걱정을 함께 이야기하고, 가해를 하거나 피해를 겪을 수 있는 상황에 대해 구체적으로 대화하는 것이 좋습니다. 학교에서는 이와 관련하여 대처 방법을 꾸준히 교육하고 있으므로, 실제 사이버폭력을 겪으면 즉시 부모님이나 선생님에게 도움을 요청하도록 가정 지도가 필요합니다.

Q 눈이 나쁜데 앞자리로 바꿔 달라고 요청해도 되나요?

A 1학년 학생들은 정서·사회적 발달에서 성숙도의 차이가 큰 만큼 신체적인 성장 속도도 다릅니다. 앞자리에 앉을 때와 뒷자리에 앉을 때의 수업 집중도가 다르고, 가운데 앉을 때와 가장자리에 앉을 때의 수업 태도가 다릅니다. 어느 자리에 앉든지 선생님에게 집중하는 학생은 몇 명되지 않습니다. 그래서 담임 선생님은 자리를 바꿀 때마다 고민을 많이 합니다.

일반적으로 선생님의 주도로 자리를 바꿀 때는 학생의 신체 조건과 발달 정도, 수업 집중도, 교우 관계, 사회성, 학습력 등을 골고루 살핀 후 수업시간에 상호 보완할 수 있고 학급 운영에 도움이 되도록 조정합니다. 하지만 선생님이 관여하지 않고 뽑기로 정할 수 있고, 형평성과 효율성을 따져 윤번제로 돌아가며 앉을 수도 있습니다. 선생님과 학생들이 매번 학급회의를 통해 자리를 정하기도 합니다.

이처럼 학급에는 선생님과 학생들이 합의한 자리를 바꾸는 규칙이 있습니다. 불만족스러운 자리에 앉게 되어도 학생들은 그 규칙을 준수하며 수용합니다. 특별히 배려가 필요한 아이는 학급의 규칙을 지키는 것을 원칙으로 하되 한두 번은 양보와 배려를 받을 수 있도록 협의할 수 있습니다. 하지만 친구들에게 지속적으로 양보나 배려를 요청하는 것은 바람직하지 않습니다. 친구들에게 양보와 배려를 받는 동안은 안과검진을 통해 치료하고 처치하는 기간입니다.

아이가 시력 문제로 불편함을 이야기할 때는 먼저 안과검진을 하고 필요한 치료를 받은 후, 조정이 필요할 때 선생님에게 말씀드리는 것이 좋습니다. 치료 중이라도 TV 화면이나 칠판이 안 보여서 조정이 필요하다면 아이 스스로 선생님에게 말씀드리도록 해야 합니다. 선생님은 거리가 멀어서인지, 앞 친구의 신체 때문인지 상황에 맞게 원인을 확인하고 방향과 위치를 조정할 것입니다. 이동 가능한 자리를 따로 만드는 등 자녀의 불편함을 해소해 줄 방법을 찾을 것입니다.

일반적으로 사람의 시력은 만 7~9세에 완성된다고 합니다. 저학년 때의 눈 건강은 평생 시력에 영향을 미칠 수 있습니다. 학생건강검진을 할 때 안과검진도 잊지 말고 하기 바랍니다. 정기적인 검진을 통해 자녀가 생활하는 데 불편함이 없도록 해야 합니다. 식습관이나 생활 습관에도 꾸준한 관심을 가지도록 합니다.

 학생건강검진

초등학교 1, 4학년은 학교보건법 및 학교 건강검사규칙에 따라 병원에서 일반검진과 구강검진을 합니다. 안내장을 받으면 학교에서 지정한 병원 중 편한 곳을 선택하여 검진하되, 예약이 필요한 병원은 관련 내용을 사전에 확인합니다. 검진 비용은 학교 예산에서 일괄 지급하므로 반드시 기한 내에 검진받아야 합니다.

검진을 받으러 갈 때 평소 안경을 착용하는 학생은 안경을 꼭 지참합니다. 4학년 학생 중 비만이 의심될 때는 검사 전 6시간 이상 금식하고 검진을 받습니다. 검진 결과, 2차 정밀검사가 필요하다는 통보를 받으면 자녀의 건강 관리를 위해 반드시 2차 검진을 해야 합니다.

Q 학교 급식을 싫어하면 어떻게 해야 하나요?

A 학교에서는 보건위생교육과 함께 영양교육을 통해 급식실 이용 예절을 익힙니다. 건강한 식재료에 대한 정보를 제공하며 올바른 식습관 등을 교육합니다. 최근 현장에서는 급식을 골고루 먹도록 지도하지만 학생들에게 억지로 먹으라고 강요하지는 않습니다. 급식과 관련하여 아동 인권에 대한 민원이 종종 발생하기 때문입니다.

그래서 선생님은 급식시간에 학생들이 젓가락질은 잘하는지, 음식을 골고루 잘 먹는지, 편식 습관은 있는지 등은 관심을 가지고 관찰하지만, 학부모의 특별한 요청이 있지 않으면 음식 섭취에 관한 부분은 개인의 자율에 맡깁니다.

자녀가 학교 급식이 싫다고 할 때는 먼저 이유를 물어보고, 그 원인을 따져 봅니다. 맛이 없어서인지, 음식이 매워서인지, 편식이 심해서인지, 급식시간에 배가 고프지 않기 때문인지, 특별히 컨디션이 안 좋은 것인지, 음식을 먹을 때 불쾌감을 주는 친구가 있는지 등을 파악해야 합니다. 각각의 경우는 가정에서 노력해야 할 부분과 학교에서 노력해야 할 부분으로 구분됩니다.

자녀가 지속적으로 급식이 맛없다고 하면 주변 학생들과 선생님의 생각은 어떤지 들어봅니다. 또는 학부모 급식 공개의 날 시식에 참여하여 직접 맛을 확인하고 학교에 의견을 제시할 수 있습니다. 메뉴를 확인하고 매운 음식이 많이 나오는 날은 밥이나 국을 많이 받게 하거나 아침을 많이 먹게 하는 등 상황에 따라 자녀와 이야기해도 좋습니다. 편식이나 컨디션 같은 개인적인 원인일 경우에는 꾸준한 지도와 학생의 노력이 필요합니다. 모든 메뉴 한 번씩만 먹어 보기, 싫은 음식은 양념 맛이라도 보기 등 천천히 시도해 보도록 미션을 주는 것도 좋습니다. 급식시간에 배가 고프지 않다고 하면 아침밥 먹는 시간이나 양을 조절해 줘야 합니다. 상황에 따라 우유 급식을 중단할 수도 있습니다. 급식 환경의 불편함 때문이라면 선생님과 빠르게 상의하여 문제를 해결한 후 아이가 맛있게 급식을 즐길 수 있도록 도와야 합니다.

Q 젓가락질을 못 하는데 포크를 가져가도 되나요?

A 젓가락질은 아이의 소근육을 발달시키기에 매우 좋은 활동입니다. 소근육은 눈과 손의 협응력을 높이고 뇌를 발달시키는 데 영향을 미칩니다. 소근육이 발달해야 정교한 일도 잘할 수 있습니다.

1학년은 입학한 다음 날부터 유아용이 아닌 성인용 수저를 사용합니다. 급식 첫날은 젓가락에 손도 대지 않고 숟가락만 사용하는 아이, 숟가락과 손을 사용하는 아이, 젓가락을 포크처럼 사용하는 아이, 숟가락과 젓가락을 동시에 사용하는 아이, 능숙하게 젓가락질을 하는 아이 등 사용하는 모습이 참으로 다양합니다. 한 달쯤 지나면 젓가락 사용이 어설펐던 아이들도 자기 나름의 방법을 찾아 알맞게 사용하고 즐겁게 음식을 먹습니다.

자녀가 젓가락질을 못 해서 혼자 포크를 사용한다면 친구들의 주목을 받게 될 것입니다. 선생님이 사정을 이야기하고 격려하지만 아이 스스로 열등감을 느낄 수 있습니다. 선생님과 상의하여 첫 1~2주 정도는 교정용 젓가락을 가지고 와서 사용하는 것이 포크를 사용하는 것보다는 나은 방법입니다. 눈앞의 불편함을 포크로 해결하기보다는 또래의 성장 속도에 맞추어 젓가락질을 할 수 있게 노력하는 것이 바른 태도입니다.

콩 옮기기나 쌀알 줍기 같은 놀이는 젓가락질 연습에 좋은 활동입니다. 젓가락질과 관련된 영상을 찾아 젓가락 잡는 법부터 익히도록 합니다. 꾸준히 연습하여 젓가락질을 능숙하게 할 수 있도록 해야 합니다.

Q 장애 학생 때문에 힘들어하면 어떻게 해야 하나요?

A 학교에는 학습 도움실이 있습니다. 장애가 있어 학습과 생활면에서 도움이 필요한 아이는 학습 도움실과 교실을 번갈아 가며 생활합니다. 국어·수학 시간에는 도움실에서 특수 교사의 수업을 받고 통합시간에는 교실에서 친구들과 함께 수업합니다. 장애의 경중에 따라 활동 보조 선생님이 교실 수업에 함께 참여할 수도 있습니다. 도움실이 없는 학교는 온종일 교실에서 친구들과 함께 생활합니다.

교실생활에서 장애 학생이 가진 영향력은 행동 특성에 따라 다릅니다. 친구들에게 웃음과 즐거움을 주기도 하고, 반복하는 낯선 행동들로 불편을 줄 때도 있습니다. 수업시간에 조용한 아이도 있고, 심하게 방해가 되는 아이도 있습니다. 어떤 장애를 가졌고, 정도가 얼마나 심하냐에 따라 친구들에게 주는 영향이 다릅니다.

통합교육은 장애 학생과 비장애 학생이 함께 생활하면서 서로를 이해하고 존중하도록 지도합니다. 장애 학생에게는 학급의 일원으로서 학급규칙을 준수하고 서로 존중하며 배려하도록 지도합니다. 비장애 학생과 어울릴 수 있도록 생활 습관과 언어·행동 습관을 반복해서 가르칩니다.

비장애 학생에게는 장애 학생의 특징을 설명하고, 어떻게 해야 조화를 이루면서 생활할 수 있는지 가르칩니다. 모두 사회 구성원으로서 편견 없이 상호 협조하면서 공동체 의식을 갖도록 지도합니다.

장애 학생의 특징을 이해했어도 함께 생활하다 보면 불편할 수 있습니다. 장애 학생은 자기를 스스로 소개하지 못하고 표현 방법도 비장애 학생과 다릅니다. 장애 학생의 행동이 친해지려고 한 행동인지 아닌지를 판단하고 반응해야 합니다. 좋아서 하는 행동일 수 있습니다. 한 친구의 장난이 즐거운 아이도 있고 불쾌한 아이도 있는 것처럼 장애를 가진 친구의 행동에 민감하게 반응하는 친구도 있고 무던한 친구도 있습니다. 아이가 장애를 가진 친구 때문에 많이 불편해할 때는 선생님에게 이야기하는 것이 좋습니다. 선생님이 아이의 불편에 공감하고 방법을 고민할 것입니다.

학부모는 학급에 장애를 가진 친구나 다문화 가정의 친구가 있다면 다채로운 개성을 가진 친구 중 한 명이라고 생각해야 바람직합니다. 다른 반보다 다양한 사회 구성원을 일찍 경험하게 되어 자녀가 더욱 성숙하게 자랄 기회를 얻었다는 마음을 가지면 좋겠습니다.

[에필로그]

입학 후 3월 적응기간에 보통의 아이들은 온전하게 자신을 드러내지 않습니다. 새로운 선생님과 친구들을 만나고 낯선 환경에 적응하는 일에 에너지를 집중합니다. 학습규칙과 생활규범을 익히느라 경직되고 긴장감이 높습니다. 학교와 학급에 대한 소속감을 느끼며 정체성을 형성해 나갑니다. 그래서 하교 후에 집에 가면 몸과 마음이 풀어지고 편안하게 생활합니다. 이 시기에 학교와 가정에서 드러나는 아이의 특징이 다른 것은 자연스러운 일입니다.

학교시설과 교실 분위기, 담임 선생님에 대한 적응이 끝나면 아이들은 본격적으로 자신의 성향을 드러냅니다. 그 시기는 대략 4월 중순에서 5월 초입니다. 학교생활에 대한 긴장이 해소되어 개인의 성격과 기질이 자연스럽게 나타나는 것입니다. 그래서 선생님은 3월 상담 주간에 우리 아이가 학습은 잘하고 있는지, 교우 관계는 어떤지 궁금해하는 학부모에게 자녀에 대한 이런저런 판단을 신중하게 표현합니다. 특별한 경우가 아니라면 현재는 이런 특징을 보이고 있으나 적응이 끝나고 교과 학습이 시작되면 변화가 있는지, 어떻게 달라지는지 지켜본 후 말씀드리겠다고 이야기합니다.

2학기가 되면 신체 · 정서 · 사회적으로 성장한 자녀의 모습을 볼 수 있는 기회가 많습니다. 학부모가 참여하는 학교 행사가 개최되고 학교에 따라 2학기에 공개수업을 하기도 합니다. 자녀의 학교생활을 직접 확인할 수 있습니다. 규칙과 질서가 몸에 배어 제법 학생 티가 나는 것을 보면 자랑스럽고 대견하기도 합니다.

1학년을 마칠 즈음에는 어느덧 학생으로, 사회인으로 성장한 아이들을 뿌듯하게 바라보며 무탈하게 보낸 1년을 감사하게 여깁니다. 그동안 함께했던 1년을 회상하며 함께 성장하고 있었다는 것을 깨닫습니다. 학급 운영 교육관을 응원하고 지지해 준 동료 선생님과 학부모에게 감사하는 마음도 갖습니다.

한 해를 마무리하면서 우리 반은 내년 3월에 입학할 유치원 동생들에게 편지를 쓰는 시간을 가졌습니다. 입학하면 달라지는 것들, 학교에서 노력해야 할 것들, 자기의 성장 내용을 담고, 용기 주는 말을 넣어서 쓰도록 했습니다. 아이들은 하고 싶은 말을 자세히 적었습니다. 한껏 자라난 문장 실력에 흐뭇해집니다. 소중한 문장들을 조합하여 하나의 편지글로 엮었습니다.

1학년이 되는 동생에게

안녕? 나는 1학년 2반이야.
곧 8살이 돼서 입학하게 된 것을 축하해! 지금 유치원 생활이 즐겁지? 나도 유치원 생활이 정말 그리워! 하지만 학교생활도 진짜 즐거워. 유치원도 좋지만 학교도 좋을 거야!

나는 입학식 때 정말 떨렸어. 그런데 입학식은 정말 재미있어. 학교에서 과자도 주고 선물도 줘. 선생님이 풍선도 주셨어! 풍선이 얼마나 예쁜지 몰래! 선생님도 친절하셔서 좋을 거야.
지금은 학교생활을 많이 하다 보니까 안 떨리고 재미있어. 너도 1학년이 되면 조금 떨리고 처음에는 많이 힘들 수도 있어. 다니다 보면 금방 적응이 될 거야!

학교에 오면 분위기가 확! 달라져. 교실도 달라지고 친구들과 선생님들도 달라져. 새로운 선생님과 친구들에게 잘 적응해 줘! 친구들도 많이 사귀고 공부도 열심히 해야 재미있을 거야.

학교는 유치원이랑 달라. 학교에는 돌봄, 방과후, 보건실, 교장실, 급식실, 도서실, 방송실, 옥상 이런 곳이 있어. 행정실 앞에는 지하로 내려가는 계단도 있어. 옥상이나 지하는 절대 가지 마! 위험해! 알았지? 또 어린이집이랑 다른 게 많을 거야. 공부하는 시간도 많고, 4교시랑 5교시가 있어. 학교는 산책이랑 놀이터에서 노는 시간이 없고, 수업시간에는 국어, 수학, 통합, 창체를 공부해.

수업시간에는 떠들지 않고 공부에 집중하는 게 중요해. 교실에서는 소리 지르면 안 돼! 친구를 방해해도 안 돼! 그림 그리는 시간도 있고, 놀이하는 시간도 있어. 작품활동을 같이하기도 하고, 따로 하기도 해.
그리고 방학이 많이 달라졌어. 유치원은 1주일이었지만 1학년 여름방학은 한 달 정도 돼. 체육의 날도 있고, 축제도 있는데 유치원이랑 달라. 더 많은 친구랑 더 많은 만들기를 해. 또, 학교에서는 책을 읽으면 독서카드 라는 것도 써야 해.

나는 지금 즐겁게 학교생활을 하고 있어. 노력해야 할 것은 한글 공부를 잘하는 거야. 또 규칙을 지키면서 핸드폰을 써야 해. 핸드폰을 가져오면 무음으로 하거나 전원을 꺼야 해. 전원 끄는 버튼은 핸드폰 옆쪽에 있을 거야. 수업시간에 핸드폰이 울리면 친구들이 쳐다봐. 그럼 복도로 나가서 얼른 끄고 들어와야 해!

🙂 학교에서는 선생님 말씀을 잘 듣는 것이 가장 중요해. 선생님 설명을 잘 들어야 모든 것을 재미있게 할 수 있어. 선생님 말씀을 못 들으면 손해야! 그러니까 선생님을 뚫어져라 쳐다봐야 해! 그냥 눈만 딱! 집중! 이걸 보는 동생들은 꼭! 모범생이 되길 바랄게. 선생님은 교과서를 잘 펴는 친구를 좋아해. 양보하는 친구도 좋아해. 선생님을 잘 쳐다보는 친구를 좋아해. 그리고 선생님이 주시는 간식도 맛있어. 네가 잘 성장하려면 선생님 말씀을 진짜 잘 들어야 해. 선생님 말씀을 잘 들어야 안 혼날 거야.

🙂 학교에 오면은 용기가 중요해. 친구를 사귀고 싶으면 먼저 다가가서 "안녕? 난 ○○야, 우리 친구할래?"라고 말하면 돼. 그러다 보면 좋아하는 친구가 생기고 싫어하는 친구도 생겨. 싫어하는 친구는 때리지 말고 네가 싫어하는 행동을 하면 왜 그러냐고 물어봐! 어떤 때는 우울하고 속상할 때도 있을 거야. 착한 친구, 좋은 친구 많이 사귀어. 적응시간이 좀 필요할 거야.

🙂 친구를 눕혀서 누르는 장난은 하지 마! 교실을 기어 다니는 장난도 안 돼! 그리고 학교에서 누가 괴롭히면 "하지마!"를 두 번해야 해. 그래도 계속하면 선생님한테 "선생님, 누구누구가 저한테 장난을 계속 쳐요!"라고 말해. '1학기 때는 친구들이 장난을 많이 쳤어. 장난을 쳐도 상대방이 싫어하면 폭력이야. 그래서 장난은 안 치는 것이 좋아.

친구가 슬퍼할 때는 멈춰. 친구가 괴로워하잖아. 어떤 친구는 폭력을 써서 엄마가 학교에 오셨어. 친구한테는 친절하게 하고, 선생님은 도와줘야 해. 심하게 장난을 하면 선생님이 편찮으시단다. 선생님 말씀을 안 듣고 학교생활을 잘못하면 친구들이 널 싫어할 거야.

학교생활을 바르게 하면 아주 좋은 친구가 될 수 있어. 친구들에게는 양보하고 친절하게 대해 줘! 그러면 학교 친구들이 너를 좋아할 거야. 내가 말해 주는 걸 잘 지켜야 해.

 나도 처음에는 학교가 무서웠는데 며칠 있으니까 괜찮아졌어. 학교에서는 말과 행동을 잘하도록 많이 노력해야 해. 질서도 잘 지켜야 해. 노력하면 재미있고 신나게 1학년을 지낼 수 있어. 널 응원하고 도와주는 사람이 많으니까 포기하지 말고 힘내! 이제 유치원 다니는 시간 얼마 안 남았으니까 유치원에서 좋은 추억 많이 쌓고 친구들이랑 싸우지 말고 친하게 지내. 학교에서는 유치원 때보다 선생님 말씀을 잘 들어야 한다는 걸 잊지 마! 넌 잘할 수 있에!♡

- 곧 2학년이 되는 언니, 형, 누나, 오빠가

입학생활안내서를 발간하기로 마음먹기까지 많은 용기가 필요했습니다. 1학년 담임의 일상적인 업무와 학생 지도 내용을 글로 엮어내는 것은 저에게 새로운 도전입니다. 평교사로 근무하는 내내 '장학사를 해 보는 것은 어때?', '수석 교사를 해 봐! 교생 지도를 하면 잘할 것 같아!', '책을 한 번 써 봐!'라고 농담 반, 진담 반으로 끊임없이 이야기해 주던 동료 교사들의 말이 씨앗이 되었습니다. 그 씨앗이 자존감과 자신감을 키워 한 권의 책으로 열매를 맺게 하였습니다.

모임을 통해 일상을 함께 나누면서 같이 울고 웃어 주는 동료 교사들과 친구들에게 감사한 마음을 전합니다. 특히 출판사와 연을 맺게 해 주고 지칠 때 위로와 격려를 해 준 친구 은정이에게 고마움을 전합니다. 동료이자 배우자로서 새로운 일을 시작할 때마다 이런저런 걱정이 앞서 해 보라는 말을 아끼는 고선생님, 한 번 써 보라고 응원해 줘서 고맙습니다.

교육도 지방자치인 시대에 다른 지역, 다른 학교의 행정을 비교해 주고 의견을 나눠 준 형제들과 출판사 시대인에도 고마움을 전합니다. 책 발간을 통해 더욱 노련한 교사가 되어야 한다는 부담감과 책임감을 품은 채 글을 마칩니다.

> 학교 행정은 지역이나 학교마다 다소 차이가 있습니다. 학교 실정 및 여건을 고려하여 구성원들 간의 협의를 통해 결정하는 교육자치문화를 확산시켜 나가고 있습니다.
> 행정에 관한 사항은 반드시 해당 학교 안내장을 확인하시기 바랍니다.

**좋은 책을 만드는 길
독자님과 함께하겠습니다.**

위풍당당한 초등 1학년 입학 준비

개정3판1쇄 발행	2026년 01월 05일 (인쇄 2025년 11월 03일)
초 판 발 행	2023년 01월 25일 (인쇄 2023년 01월 13일)
발 행 인	박영일
책 임 편 집	이해욱
지 은 이	전화숙
편 집 진 행	윤진영 · 최 영
표지디자인	권은경
편집디자인	권은경
발 행 처	시대인
공 급 처	(주)시대고시기획
출 판 등 록	제10-1521호
주 소	서울시 마포구 큰우물로 75 [도화동 538 성지 B/D] 9F
전 화	1600-3600
팩 스	02-701-8823
홈 페 이 지	www.sdedu.co.kr
I S B N	979-11-434-0513-5(13590)
정 가	18,000원

※ 이 책은 저작권법의 보호를 받는 저작물이므로 동영상 제작 및 무단전재와 배포를 금합니다.
※ 잘못된 책은 구입하신 서점에서 바꾸어 드립니다.

'시대인'은 종합교육그룹 '(주)시대고시기획 · 시대교육'의 단행본 브랜드입니다.